劳动经济学会会刊
智联招聘品牌所有

CHO® 首席人才官

商业与管理评论

（第七辑）智联招聘 主编

中国财富出版社

图书在版编目（CIP）数据

首席人才官商业与管理评论．第七辑 / 智联招聘主编．— 北京：中国财富出版社，2017.11

ISBN 978-7-5047-4027-4

I. ①首… II. ①智… III. ①企业管理－人才－招聘－丛刊 IV. ① F272.92-55

中国版本图书馆 CIP 数据核字（2017）第 289005 号

策划编辑	葛晓雯	**责任编辑**	惠 婳	**责任发行**	敬 东
责任印制	何崇杭 石 雷	**责任校对**	杨小静	**装帧设计**	张 娟

出版发行	中国财富出版社		
社 址	北京市丰台区南四环西路 188 号 5 区 20 楼	**邮政编码**	100070
电 话	010-52227588转2048/2028（发行部）		010-52227588 转 307（总编室）
	010-68589540（读者服务部）		010-52227588 转 305（质检部）
网 址	http://www.cfpress.com.cn		
经 销	新华书店		
印 刷	北京京都六环印刷厂		
书 号	ISBN 978-7-5047-4027-4 / F · 2834		
开 本	880 mm × 1230 mm 1/16	**版 次**	2017年12月第 1 版
印 张	7.5	**印 次**	2017年12月第 1 次印刷
字 数	243千字	**定 价**	39.00元

雇主品牌的逻辑和目的

1996年，当 Simon Barrow 和 Tim Ambler 提出“雇主品牌”这个概念的时候，他们可能没有想到，他们打开了21世纪管理领域一道新的大门。这道门最显著的标志，就是管理学诞生以来，特别是在品牌的维度上，第一次由物转向了对人的关注。某种意义上，也可以视为雇用关系中雇主向雇员群体第一次明确的妥协。

当然，这种妥协意味着商业文明的进一步发展，意味着产业层次的进一步提升，意味着人才成为企业经营的战略性资源，而非一般性工具。

然而，这里应该还有一个更为深刻的性质变化，那就是管理的本质和目的。

企业管理的本质，无论有怎样千般说辞，万种解释，究其根本，一定是要为企业的利润服务，不能实现利润的管理一定不是成功的管理。但是，当经营的逻辑演化到这样的程度：企业必须依赖员工的发展方能得到更好的发展；企业必须通过实现员工的目的来实现自己的目的；企业必须将善待员工、发展员工，将组织、激发和运营人力资源放在核心位置才能产生和保障企业的利润。那么，这个时候可以说：企业的目的也是发展人和成就人。至少，用康德的术语来说，它是一种“无目的的合目的性”，这就是雇主品牌得以被认知和发展的内在逻辑。

这一点，如果说在20年前还只是观念的发蒙的话，今天则成为必须要面对的事实。因为，在知识和技术获取已基本没有壁垒的今天，麦格雷戈所谓的“知识导向型工作体系”已失去适用价值，取而代之的应该是“创造导向型工作体系”，而创造、创新的担当者，毫无疑问，只能是一个个具体的人。

而这也应该是雇主品牌的意义所在，它不独以吸引人才为目标，更要以激发人才为目标；不独以聚合现有的能力、经验、资源为目标，更要以培育、驱动和释放无限的创造力和可能性为目标。它不只是人本主义的，它的理论内涵应该远远超越于一般而言的人本管理，它的方法体系也应该超越于招聘、选、育、用、留这些具体环节之上。

它是什么和应该怎么做，这也是我们本期专栏探讨的主题。然而，在混沌未清之前，对于想要做好雇主品牌的企业来讲，有一句先圣的话是对的：爱人者，人恒爱之。

杨洪峰

2017年10月15日

Contents 目录

1 前沿关注 Front Attention

本辑专栏

2 雇主品牌，是什么和怎么做 Employer Brand，What and How to Do It

Contents

Contents

4 招聘培训 Hiring Process Training

5 标杆企业 Benchmarking Enterprises

Contents

发行
王小睿

投稿邮箱
cho@zhaopin.com.cn

订阅电话
010-58692828-68337

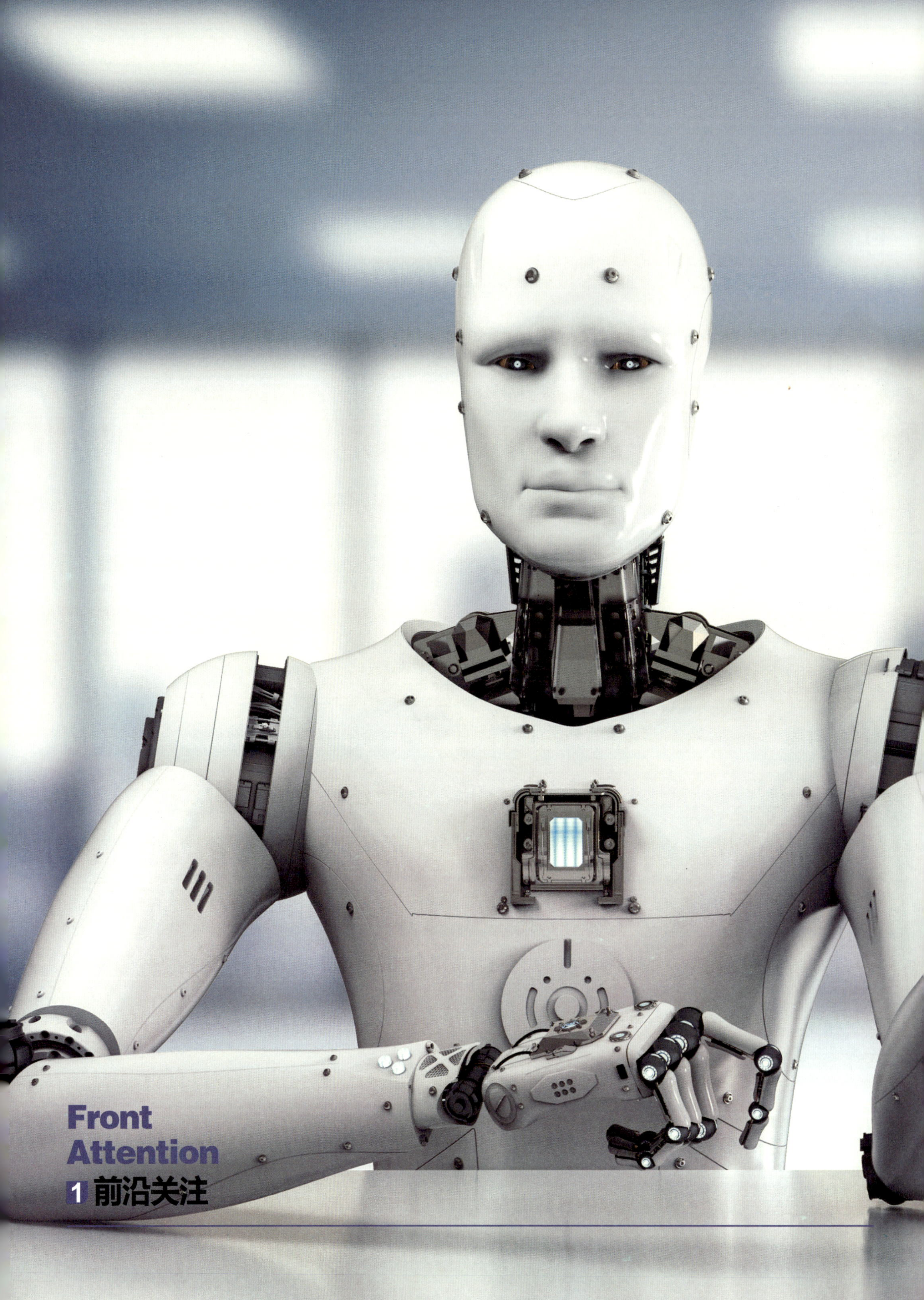

Front Attention

1 前沿关注

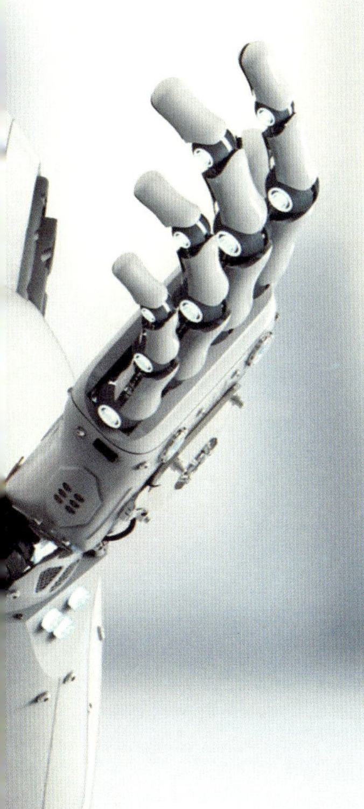

人工智能来了，人力资源怎么办

ARTIFICIAL INTELLIGENCE COMES, WHAT ABOUT HUMAN RESOURCES

——专访智联招聘大数据与算法首席科学家文镇先生

文镇，中国“千人计划”核心人才，1998 年毕业于清华大学计算机科学与技术系，后赴美国伊利诺伊大学厄巴纳 - 香槟分校（全球计算机科学顶尖学院）深造，2004 年获博士学位，曾任 Google 资深数据科学家、IBM T. J. Watson 研究院研究员，是该领域的领军人物之一，现任智联招聘大数据与算法首席科学家。

本刊记者 | 文

当我们谈论人工智能的时候，对于普通人，到底该如何来认识和理解人工智能？也就是说，当机器或技术达到怎样的程度时，我们才可以说它是“人工智能”的？

文镇

你的问题实际上是在问什么是人工智能，我讲一下我的理解，比如说我们通常说的计算机和一些自动化机器，我们要给它编程，提前设定一些规则和条件，条件一是它做什么，条件二也是它做什么，那么在这种简单确定的规则下运行的机器，就不能称为人工智能。

但是再往后，条件可能越来越复杂，程序的行为也越来越复杂，由确定的变成不确定的了，就像下棋一样，你知道它的规则是什么，但是它每一个步骤都有很多种不同的选择，而不同的选择就会导致不同的结果。这个时候，如果一台机器能够在面对很多种选择的时候，采取一个比较优的策略，放弃不那么优的策略，这就是比较初级的人工智能了。它的结构是非确定性的，而且它可以通过不断地迭代，自我学习。比如说阿尔法狗，它迭代的速度非常快，它在几个月的时间里下了几十万盘棋，把它的水平从非常初级的围棋选手变成了一个顶尖大师。

所以，人工智能有两个显著的特点：
第一，它迭代速度非常快；
第二，它可以处理复杂的规则条件。
这两方面同时满足的时候，
它就能做一些人做不到的事情，
我们才可以称其为人工智能。

从人工智能和人类智能的不同点来讲，就是人的通用智能很强，或者说模糊推理能力很强，所以理解一个未知的事情，通常人会更快一些，但是人脑的运算速度跟机器比起来是很慢的。人工智能对于一个已知的定义好的东西、对于复杂的系统一旦建立起了模型并可以快速迭代且收敛的话，它就可以在短时间内超过人类的表现。比如说围棋，当我们拿一套算法对围棋建模后，它就能以非常快的速度进行迭代，很快超过人的能力，所以这是人工智能与人类智能最大的区别。

那么这是不是就意味着机器可以具有自我意识？

机器具有意识这一点在目前看来离我们还很遥远。因为目前机器能做到的只是说我们告诉它一套规则，告诉它一个优化的目标，它可以很快地朝这个目标迭代优化。而且，不管是规则本身还是优化的目标，这两个东西都是我们告诉它的，也就是说它并没有对自我的认知，它的认知是由编程赋予的，它能做的就是以非常快的速度在我们给定的框架里去优化，然后达到比人的能力更高的层次。当然，目前这方面有一些研究结果，比如说在自然语言处理、自然语言生成方面，我们可以告诉它语言的框架是什么样的，比如告诉它英语或者中文的规则是什么样的，让它根据这些规则，根据以前的语料去自动学习、产生新的语料，它有可能产生出一些我们从来没有见过的语言或者句法，如 Facebook（一个社交网络服务网站）就曾经做过这样一个实验。但我认为它还没有跳出语言的框架，只是说它产生的这部分东西以前没有人把语言这么用过，而它在自己搜索的过程中发现了这一部分然后又呈现出来了。

所以，这就是机器的长处，它能够在全空间里面穷尽搜索，能够把一切以前大家没有搜索过的角落都搜一遍，再把结果展示给大家，我们有可能会觉得惊奇或者说吃惊，但是这些也都是我们人类在编程的时候预定好的框架里面的，它并没有跳出框架来进行对自我的认知。

**比如说
我们想做一二三件事情，
为什么这么做？
很多时候是靠直觉
或者商业判断，
但是在今后就会有更多数据
来支持这些判断。
比如说我要招算法的人才，
需要招几个人？
从什么地方可以招到？
这些都可以通过
数据的方式来量化显示，
也就是说人工智能可以将相
关的资源和路径都数字化。**

目前业内都在讨论人工智能对人力资源管理的影响，您认为整体上，人工智能会对人力资源行业以及现在的人力资源管理模式产生哪些方面的冲击和影响？

其实这个影响是循序渐进的，就显著的方面来讲：第一阶段，人力资源的管理模式都会实现数字化，不管是招聘还是培训，抑或人力资源规划。因为之前很多决策都是基于有限数据，或者是基于一种战略规划。

那么实现了整个基础管理的数字化，以数据来衡量，以数据做指导，第二阶段我们就可以把很多简单重复的流程给自动化了。再以招算法的人才为例，人工智能 HR 就可以根据当前企业的状况、规模还有人工智能算法可能给企业带来的收益，自动估算出一个人力资源需求范围，包括每个人的人工成本，到哪里去招聘，找哪个猎头或者去哪个公司哪个部门。而且它还能够通过抓取、分析候选人更深入的行为数据，不仅是像智联招聘这样的求职平台上的数据，也包括它在社交媒体上的数据，如微博、微信，来自动判断他有没有变动工作的意向，是不是我们的合适人选等，自动建议我们应该朝什么方向努力、应该做些什么事情，从而省去大量的烦琐的人工劳动，极大地提升我们的管理效率，我觉得这是在第二阶段人工智能在人力资源管理方面应该能做到的一些事情。

第三阶段，在反复不断地积累新的数据、提升效率、优化流程后，到了一定阶段，人工智能就会带来流程本身和组织架构的变化。比如说，现在的公司组织模式还是树状结构的，有比较清晰的公司边界。未来信息充分透明，沟通、协同工具也非常发达，有可能公司边界就没有那么清晰了，组织结构也没有那么严格、固定了，大家更可能是因为同一个项目而通过各种各样的形式组织起来。比如说人工智能 HR 发现一个人有一个很好的想法，它可以很快帮助他组织一个精准匹配的团队，这样项目的实施、运营到结束，就变成一种自组织的形态，有点类似共享经济，但是它要更深入、更高级，会直接冲击到现在公司的组织形式。

那么您认为我们所谈的人工智能人力资源管理，和现在经常提到的数字化人力资源有什么联系和本质的区别？

其实我觉得这是两个不同的发展阶段。数字化跟大数据一样，都是人工智能必备的前置阶段，因为它首先要把过程数字化了，积累出了很多数据，才能给后面的人工智能打好基础，这样大家才有了基于数据的对事情的判断，才有了根据这些数据来训练人工智能模型的基础。所以，我觉得这是两个不同的发展阶段，数字化是人工智能的基础。

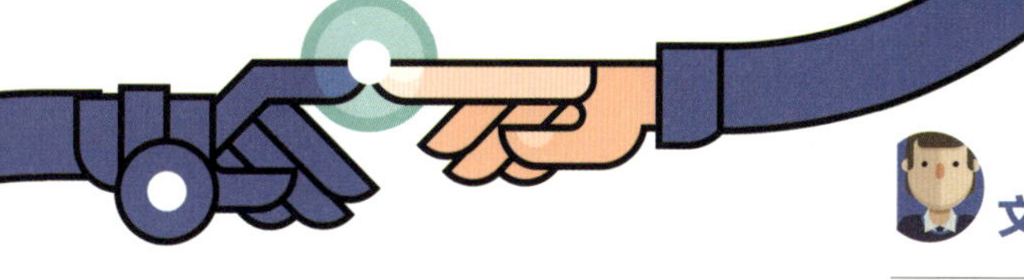

对于 HR 来说，目前最关心的就是到底哪些人力资源的模块或职能工作会被人工智能取代？您觉得作为一个 HR，应该从哪些方面提升自己，应对人工智能的挑战？

文镇

我觉得它的取代也是逐步进行的，不会是某天醒来就会有翻天覆地的大的变化。我们能看到的是，简单、重复的工作肯定是要被取代。举个例子，筛简历这类的事情，它是有很多特征可以被自动化的，比如人工智能一开始能筛掉 50% 不合适的，剩下它认为有可能合适的 50% 交给人来做判断，这个比例可能会逐渐变大，从 50% 机器处理到 90% 甚至 99% 机器处理，把大部分人力都替代掉了，但是最后一部分确实需要深入沟通才能确定的，还得交给人来做。这个时候就体现出 HR 的能力来了，他需要深入地和候选人沟通，把候选人的一些在简历上或者在其他外围数据里看不到的品质挖掘出来。同时，可能还要跟猎头一样，对候选人施加影响，改变他对新职位的看法，说服候选人加入公司，未来 HR 更多是起到这样一种作用，也就是说未来 HR 必须具备谈判和劝说的能力。这是目前人能做得很好，但是对机器来说是很难做到的一种能力。因为谈判和劝说这两种能力，首先要做到深入理解对方，了解对方的立场、对方的真实诉求，并且要把他的立场和诉求和公司的立场和诉求对接起来，双方可能还要做一些取舍，最终来达成一个交易。这个复杂的过程目前机器很难做到，我觉得这应该是 HR 提升的方向。

从具体的模块来说，比如说人力资源规划、招聘、培训等方面，人工智能会带来怎样的优化和提升？

我觉得一个核心点还是人工智能能帮助我们更好地理解求职者，更好地理解职位或者公司，然后找到它们之间的精准匹配。这一个核心点在招聘方面体现得很明显，人工智能可以很快速、很精准地进行人员和职位的匹配。培训方面，我们可以更深入了解员工现在的状况和他的需求情况，也就是说更懂得员工，知道他可能在哪个目标上能发展得更好，从而提供个性化的培训，此外，传统的培训、评测，你上了一门课，考试合格，拿一个证就算完成了，但是在人工智能时代，这个远远不够。比如现在的慕课时代，受众是大量的，那它的金字塔分布也是很明显的，很多人学一门人工智能课程，里面可能有一些顶尖的人非常不错，但是也有很多人一般般，我们怎样设计一个评测让那些顶尖的人能够表现出来？现有方法就是做题，但是做题并不能体现实际的能力水平。而人工智能就可以通过设计很多有实际意义的如公司的业务难题来考验参赛者，从中找到真正的顶级人才，这是人工智能在评测上的一种应用。同时，人工智能还可以分析你在社交媒体上的行为数据作为评测依据。总体上讲，人工智能会对现有人力资源各个模块都有很大的优化和提升，值得期待。

目前，智联招聘在发展人工智能方面有什么计划？将来可以为企业提供哪些人工智能的人力资源产品和服务？这些产品和服务能起到什么样的效用？

我们主要的思路还是围绕精准匹配这条主线，让求职者更懂我们的职位和公司。此外，我们可以做到更精准地搜索，不管是搜职位或者是搜人才，能够更贴合用户的需求来推荐，包括推荐简历和推荐职位。

具体实施上，目前我们首先是把大数据打通，把各个业务线的数据综合在一起，比如说，从校园刚毕业的学生的数据进入了校园业务线以后，并不会在那儿就终止了，我们可能会对他进行持续不断的服务，包括求职内容的服务和职场发展内容的服务，让他一直停留在智联的平台上持续发展。我们可以研发职场版的今日头条，会根据他关注的东西不断给他推送一些自我提升的内容或培训。在这个过程中，我们也可以知道哪些职类、哪些行业有更多的C端需求，这样B端就可以提前准备职位，把缺口尽快补上。

我们的目标是变成一个职业发展的平台，所以我们的算法和人工智能就是把一个一个小的闭环识别出来，然后把它都打通，不管是内容、分享的闭环还是培训的闭环、求职的闭环，每个闭环能够为用户推送最精准的信息、产品和服务帮助他们产生效益。因此，无论是针对C端还是B端，我们的服务都会有很大的、变革式的提升。

我的看法是不确定性还是很大的，但是有好结果的概率还是更高一些，比如说类比当年发展原子能这件事情，原子弹能够毁灭世界，但是我们现在并没有被毁灭，还是处在一个比较好的时代，原子能更多是被用在发电等对人类有利的事情上。所以，我觉得发展人工智能关键的核心是今后人类怎么用它，怎样让它来为人类服务，如果我们保持好的愿景，朝好的方向努力，最后的结果应该也是好的。

至于人们现在担心将来人工智能可能会失控的问题，其实人对系统的控制技术本身也在不断地发展，人工智能的控制方式以后肯定不会像现在面对确定性的系统那样，只需输入哪些指令、按哪些按钮，然后让机器按命令运行。未来人工智能从业者面对的是不确定的系统，所以他的能力和他会采取的控制方式是需要创新的。我想人工智能就像养小孩一样，小孩也是有自我意识的，他成长的道路也不是完全由培育小孩的父母决定的。这里有一个艰难的历程，但是大部分的过程只要保持了正确的目标和持续的努力，最终的结果也会是好的。

这几天关于人工智能有一个很有意思的争论，埃隆·马斯克认为“人工智能比朝鲜核武器更危险”，但扎克伯格却说他自己对人工智能保持乐观态度，您怎么看这个问题？

本辑专栏

Employer Brand, What and How to Do It

2 雇主品牌，是什么和怎么做

雇主品牌的内涵及方法

THE CONNOTATION AND METHOD OF EMPLOYER BRAND

雇主品牌主张必须独立、特别、引人注目，能够反映企业作为雇主的独特性。

刘俐伶 | 首都经济贸易大学劳动经济学院人力资源系副教授，研究生导师；和君咨询集团合伙人，数据决策咨询研究中心主任
罗嘉玥 | 首都经济贸易大学劳动经济学院硕士研究生

雇主品牌的概念

1990年10月，Simon Barrow与Tim Ambler在《雇主品牌》一文中，借鉴营销学中的品牌理论，提出了雇主品牌（The Employer Brand）这一概念，认为雇主品牌体现为由雇用行为提供并与雇主联系在一起的功能、经济和心理利益组合。其中，功能利益是指雇主向员工提供的有利于职业发展或其他活动的机会；经济利益是指雇主向员工提供的薪酬；心理利益则是指员工在工作中产生的归属、方向和目标等方面的感受和体验。

雇主品牌是雇主对现有员工和潜在人才的“承诺”，所以，雇主品牌的概念包含内部雇主品牌和外部雇主品牌两个部分。所谓内部雇主品牌，就是企业在内部员工心目中树立的品牌，来自于员工的雇用体验；所谓外部雇主品牌，就是企业在市场上树立品牌，来自外部潜在雇员心目中的形象与评价。一些学者从外部品牌的角度来定义雇主品牌。但是，与创建关系和可依赖性体验的消费者品牌建设一样，雇主品牌建设需要建立雇主与员工之间的情感关系，所以更多的学者从内部品牌的角度定义雇主品牌。目前，对雇主品牌的概念和定义，人们还没有取得统一的认识。朱勇国认为，雇主品牌是企业在人力资源市场上的定位，既是现有企业雇员的雇用体验，也是潜在员工心目中的形象。张素芳和皇甫刚认为，雇主品牌从企业内部讲就是公司在员工中树立良好雇主的形象，是企业通过对员工成长和发展做出的承诺及人力资源管理实践致使员工形成的雇用体验。

综上所述，雇主品牌是雇主和雇员之间被广泛传播到其他的利益相关人、更大范围的社会群体以及潜在雇员的一种情感关系，通过各种方式表明企业是最值得期望和尊重的雇主。它以雇主为主体，以核心雇员为载体，以为雇员提供优质与特色服务为基础，旨在建立良好的雇主形象，提高雇主在人才市场的知名度与美誉度。

雇主品牌的范畴

雇主品牌包括品牌意识、品牌联系与觉察质量，此三方面内容是逐层递进的关系，代表了雇主品牌建立的三层阶段。从在不同环境条件下回忆起品牌名称的可能性，至将品牌名称与企业印象的结合，最终形成对企业形象的总体印象与评价。

雇主品牌还包含外部品牌和内部品牌两个部分：外部品牌就是在潜在的雇员中树立品牌，它使潜在员工愿意来企业工作，使现有员工愿意留在企业工作，是人们心目中的最佳工作地；内部品牌则是在现有的员工中树立品牌，是公司对雇员做出的某种承诺，它不仅仅是公司和雇员之间所建立的关系，还体现了公司为现有员工和潜在员工所提供的独特的工作经历和工作感受。

雇主品牌的建设和提升

1. 定位雇主品牌——雇主品牌建设的关键

HCI（Human Capital Institute）认为，雇主品牌建设的关键是要有个性和相应的承诺。

个性表明企业的性质、价值观和愿景等；承诺表明企业针对目标受众的独特雇用主张。Thorne（2004）指出，建设和发展雇主品牌是一个涉及企业愿景、价值观、行为准则以及所提供服务的综合性实践过程。

雇主品牌主张必须独立、特别、引人注目，能够反映企业作为雇主的独特性。

Ewing、Pitt、de Bussy 和 Berthon（2002）介绍了三种现有的雇主品牌价值主张。第一种价值主张是地位，持这种主张的企业往往把自己作为大型、稳定、国际化和受人尊敬的雇主来宣传；第二种价值主张是激动人心的新体验，持这种主张的企业及其所在行业是相当新的，在这类企业工作能使员工产生激动人心的新体验；第三种价值主张是来源于相似性的认同，企业常常着力宣传在自己这里获得成功的人士。雇主品牌的价值主张应该与雇主组织形态相匹配，不同类型的企业需要不同类型的员工。咨询公司 Mercer 归纳了六种常见的雇主品牌类型，即平衡型、团队型、目的型、拥有型、精英型和个人型。其他雇主品牌主张或雇主品牌类型还有：科技创新型、培训发展型、工作乐趣型、自由承诺型。

2.市场细分——明确目标市场及需求

如同产品品牌建设一样，在对雇主品牌进行了明确的定位以后，必须通过市场细分明确雇主品牌的目标市场及其需求。

Sutherland、Torricelli 和 Karg（2002）借用 Kotler（1997）关于战略营销过程的描述，从市场细分、目标市场和市场定位的角度讨论了雇主品牌营销。他们从年龄、性别、种族等几方面对雇主的目标市场进行了细分，发现全球性对于不同年龄的员工，绩效薪酬、工作多样化/岗位轮换和培训机会对于不同性别的员工，文化多元化等因素对于不同种族的员工的重要性均存在显著差异。

3.雇主品牌建设的要素和流程

雇主品牌建设的要素和流程是非常有实践意义的问题，因而受到许多学者特别是咨询公司的重视。

咨询公司 Human Nature @Work 的 David Lee 认为，雇主品牌建设的必备要素包括建立能够理解、影响和体验雇主品牌建设各个方面的团队，让员工参与雇主品牌建设过程的各个环节，成为目标市场的专家，检验企业所做的是不是员工所要的等。Leigh Branham 认为，要想成为最佳雇主，高层管理人员就必须做出承诺，建立信任、关爱的文化，在人力资源管理中把人才管理与企业目标联系起来，与营销部门联合建设雇主品牌，支持直线经理进行实践。Heinen 和 Bancroft（2000）是少数从组织内部研究雇主品牌建设的两位学者，他们认为建立“绩效所有权型文化”（Performance Ownership Culture）是打造魅力雇主品牌的途径之一。

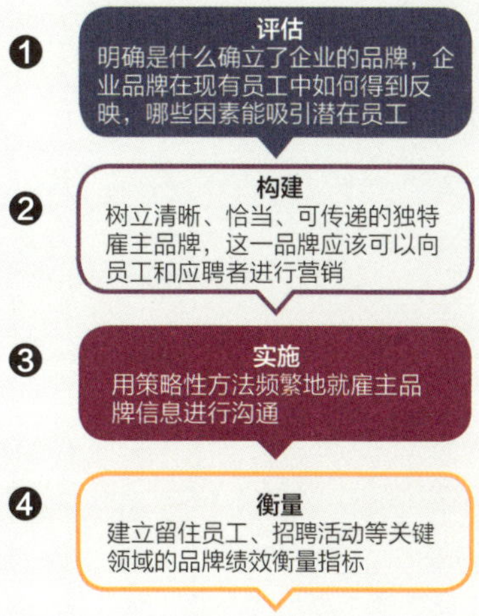

5.雇主品牌“4P”模型

如同产品品牌一样，发展与推广雇主品牌策略同样至关重要。

基于美国华信惠悦的咨询经验，建议采用“4P”策略发展和强化雇主品牌，来研究目标人才的特征，识别驱动目标人才的关键因素，提炼出雇主品牌的关键诉求，并进行内外沟通，以迎合目标人才的独特需求。

“4P”即：

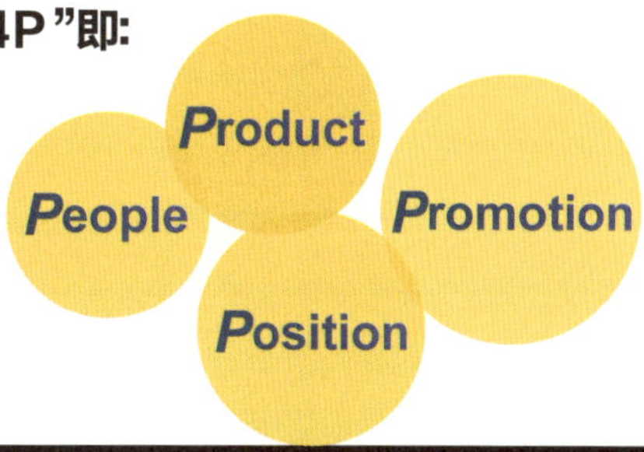

Product

People

Promotion

Position

第一，识别战略对核心人才要求和驱动因素（People）

首先，需要明确的是，公司未来的愿景，长、短期战略目标及达到目标的关键成功因素（KSF）是什么？

其次，实现关键成功因素的要求，公司需要哪些核心人才？

再次，公司目前的人才状况如何，还存在哪些差距？从厘清战略开始考虑雇主品牌的定位，才能保证雇主品牌适应未来发展所需之核心职能与人才需求。比如，某国内一流的制造类企业提出了“培育核心技术能力，拓展海外销售市场”的业务战略，然而发现战略实施的瓶颈是缺乏高端研发人才及有国际经验的管理和营销类人才，为此，在雇主品牌定位方面，这些人才便成为品牌诉求的重点。

最后，应考虑的是什么是核心人才工作的驱动力？薪酬待遇、福利制度、发展与升迁的机会、工作内容丰富程度、工作环境等哪些是核心人才最关心的因素？现状是否满足其需求？走在前列的公司往往将一流的市场调研技术运用到挖掘内部优秀人才的需求上，在此基础上制订“求才留才”策略。在调研核心人才需求方面值得一提的是强生公司和大新银行：强生公司采用大量的专题座谈和数据分析和调研，来了解优秀员工为什么加入和

4.雇主品牌建设的流程和步骤

翰威特咨询公司认为，企业建立强有力雇主品牌的步骤有五个：

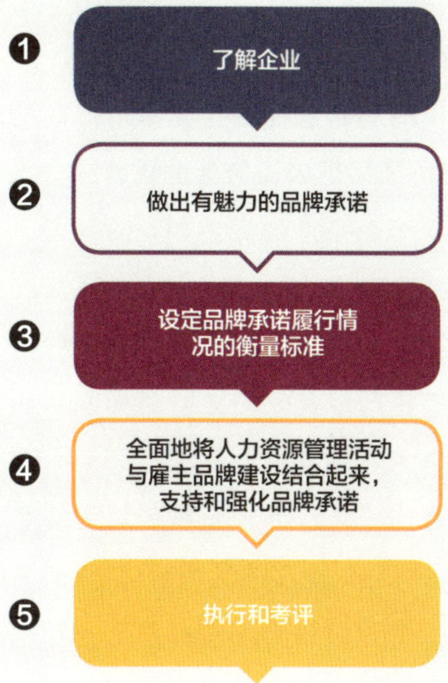

1. 了解企业
2. 做出有魅力的品牌承诺
3. 设定品牌承诺履行情况的衡量标准
4. 全面地将人力资源管理活动与雇主品牌建设结合起来，支持和强化品牌承诺
5. 执行和考评

Versant Works 提出的雇主品牌创建步骤包括：

1. 评估 明确是什么确立了企业的品牌，企业品牌在现有员工中如何得到反映，哪些因素能吸引潜在员工
2. 构建 树立清晰、恰当、可传递的独特雇主品牌，这一品牌应该可以向员工和应聘者进行营销
3. 实施 用策略性方法频繁地就雇主品牌信息进行沟通
4. 衡量 建立留住员工、招聘活动等关键领域的品牌绩效衡量指标

为何留在强生公司；而大新银行则通过广泛收集信息，包括CEO、业务部门负责人访谈、不同级别优秀员工座谈甚至非大新银行员工访谈，识别激励人才的关键成功因素（KSF）。

第二，提供满足目标人才需要的工作体验（Product）

识别出目标人才的特征后，就需要为工作的“消费者”——人才，提供满足其需要的“产品”。比如西南航空公司在发现了优秀雇员崇尚西南航空的“自由”理念后，制订了包括自由保健、自由建立财务保障制度、自由学习与成长、自由进行积极变革等在内的八项“自由员工计划”，既增强了雇主的吸引力，又使得其“自由飞行”的产品品牌在组织内部得到了透彻的理解和贯彻。

在这一阶段，兑现对人才的“承诺”要比其他任何部分都重要，而且为优秀人才提供高品质的“产品”不能仅限于薪酬的调整或工作内容的丰富化这些单一方面，而应该从架构、文化、人才管理和流程四个方面全方位地提升“产品”的品质。具体来说，架构意味着要改进组织在薪酬、业绩管理、激励方法、沟通等方面的薄弱环节；文化意味着要提升组织的文化、团队建设和领导力；人才管理意味着要对人才进行长远规划并提升人力资源部的角色定位；流程意味着要将针对薄弱环节的改革固化下来，形成制度并对变革进行管理。如果方法缺乏系统性，便容易被竞争对手模仿，雇主也无法长期保持吸引力，企业通过高薪挖人的招数失灵已经印证了这一点。

第三，定位雇主品牌（Position）

以研究品牌定位著称的学术大师Sirgy曾提出产品品牌定位和诉求包括两个策略：一是功能性诉求，即产品给消费者带来的功能性的利益，如牙膏的洁齿功能；二是象征性诉求，即帮助消费者塑造理想的自我形象，比如宝马汽车是“身份和地位的象征”。雇主品牌也类似，其功能性的内涵包括薪酬、福利、工作地点和环境等，遵循“成本收益最大化”原则；而象征性的含义即帮助员工塑造理想的自我形象，遵循“价值观认同”的原则。如牙膏这种仅在私人场合消费的产品就不适合价值观表达策略。而潜在和现有雇员在什么公司工作是父母、亲戚、朋友、同事都会关注的焦点，可视性很强，因此价值观的诉求更为有效。在掌握核心人才驱动力的基础上，企业需要用简洁的语言提炼雇主品牌的定位。雇主品牌的定位比如琼森公司“尽享不同”，西南航空公司“自由从我开始”，花旗银行“一份没有不可能的事业”等雇主品牌定位，都在宣传雇主的独特的价值观和文化。

第四，雇主品牌推广（Promotion）

雇主品牌的沟通过程同样类似于产品品牌营销。“内部员工”是公司最佳的代言人。很多在校园招聘中享有盛誉的雇主如壳牌石油、汇丰银行等，都会选择让员工成为雇主品牌的代言人，让潜在的雇员认识到雇主带来的独特工作体验。渣打银行以其领先的网络招聘系统吸引了大量优秀人才的眼球，从而招聘到符合价值观要求的杰出人才；而大新银行更是综合运用聊天室、新闻简报、员工意见调查、实习计划、网络宣传等综合手段提升品牌在潜在和现有雇员心目中的价值。

6.雇主品牌实施建议

成功实施雇主品牌，另一个关键的环节是不同的部门紧密合作，扮演好各自角色，从而共同推动品牌建设：

高层人员——负责设定战略、公司价值观和使命，树立榜样并积极扮演品牌大使的角色；人力资源部——负责识别核心人才的驱动因素，建设可以推动雇主品牌的人力资源流程、制度、架构和激励体系；营销和沟通部——使雇主品牌和产品品牌价值协调一致，并向内部和外部沟通品牌价值；各业务单元——负责确保业务目标、方向、下属员工行为与公司价值观和雇主品牌一致；雇员——在工作中理解、执行并向潜在雇员宣传品牌含义。

雇主品牌的测量和评价

为了有效管理雇主品牌，必须对雇主品牌进行衡量和评估。雇主品牌的营销对象是员工和潜在员工，员工和潜在员工对雇主品牌的感知和态度就是雇主品牌资产。

1.雇主品牌衡量计分卡

Leigh Branham（2005）提出了从吸引、甄选、敬业和留住员工4个方面衡量雇主品牌强弱的计分卡。

其中雇主吸引力方面的衡量指标包括空缺职位应聘率、应聘者中A级人才的比率、填补空缺职位的平均时间、职位接受率、应聘中止率等；员工甄选方面的指标包括首年自动离职率、首年非自动离职率、首年绩效、首年缺勤率、首年员工敬业调查得分、采用行为面试方式的百分比、基于员工能力分析的甄选决策百分比等；新员工敬业衡量指标包括完成综合定向过程的百分比、得到导师辅导的百分比、首年员工敬业调查得分、绩效卓越的新员工比例、首年员工自动离职率、首年员工满意度调查得分等；留住员工方面的衡量指标包括卓越绩效员工离职率、绩效结果、缺勤率、员工敬业度得分、员工培训时间、内部与外部聘用比例、员工完成个人发展计划的百分比等。

2.雇主品牌承诺梯度

员工忠诚度的高低实际反映了雇主品牌资产的大小。

伦敦商学院的 Tim Ambler 描述了雇主品牌承诺的梯度：

这一员工品牌承诺梯度实际上就是雇主品牌资产梯度。

3.雇主品牌资产价值

Han和Collins（2002）认为，雇主品牌资产价值表现在3个维度上。

①品牌知名度/雇主熟知度。求职者的应聘决策受到企业知名度的影响。②品牌联想。如同消费者一样，当求职者对某雇主品牌具有强烈、愉悦和独特的联想时，便很可能选择该雇主。③感知质量。求职者受到企业是否符合他们要求这一判断的影响。

4.基准法

Sullivan（2003）提出了四个衡量指标：

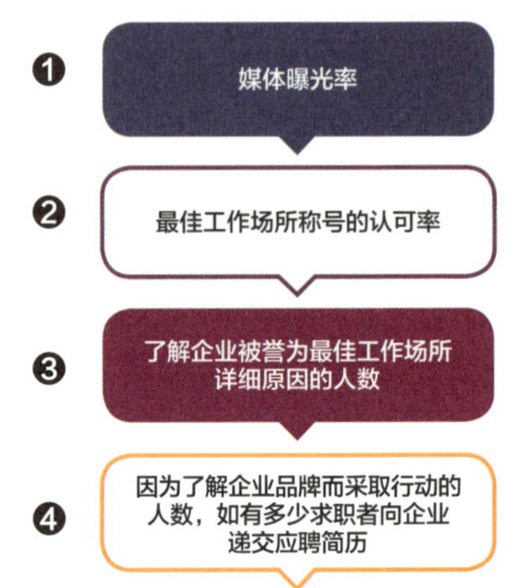

衡量雇主品牌要用数据说话。应该从雇主品牌建设的最初阶段开始建立雇主品牌的衡量标准，并且在组织内推广实施（Thorne，2004）。非常重要的一点是，通过记录员工招聘和挽留员工的成功案例来记录雇主品牌建设的成就，同时与员工满意度和顾客满意度等其他衡量指标联系起来。基准法只是多种雇主品牌衡量方法中的一种而已。

5.以雇主品牌功能性特征导向的测量方法

Lievens和High-house通过研究银行职员和学生样本发现，员工和求职者看重的雇主品牌功能性特征包括薪酬、晋升机会、工作稳定性、工作繁忙程度、工作地点和福利，并编制了雇主品牌的评价问卷。

Herman 和 Gioia 识别出知识员工把组织作为其雇主的 8 项评价因素是公司声誉、公司文化、开明领导、人性化待遇、职业成长、有意义工作、补偿和利益。Sutherland、Torricelli 和 Karg 发现，知识员工用来识别雇主的评价标准主要是职业发展机会和挑战性工作环境、个人培训与发展机会、与绩效相关的工资和利润分享等 11 项因素。

朱勇国等首次在国内对雇主品牌的结构进行了研究，发现求职者对雇主品牌评价包括报酬制度、企业实力、个人发展、福利制度、领导及管理风格、合作关系和工作本身 7 个维度。朱勇国等人据此编制了雇主品牌的测量问卷，在全国范围开展了最佳雇主的评选活动。

6.以雇主品牌象征性特征导向的测量方法

Tom 研究发现，求职者更容易被那些同自己有相似特征的组织所吸引，在招聘的早期阶段，潜在的求职者会归纳不同组织的特征。

Slaughter 等人注意到人们常常会用类似人格范畴的词汇来形容企业，他们发现人们会为企业赋予特质（ 如描述企业是创新性的、保守的、有影响力的），而这些特质又进一步和企业雇主品牌相联系。认为求职者会通过组织的广告、产品 / 服务、工作地点、员工、消费者以及社会信息来归纳该组织的特征，而且这些特征会影响组织吸引力。Cable 和 Graham 发现个人是否认同企业的形象特质会影响到雇主吸引力，而且这一关系在求职初期表现得尤为明显。在招聘的早期阶段，潜在的求职者只是初步了解雇主企业和工作的信息，因而对雇主的最初印象将在很大程度上影响求职决策。

Lievens 和 High-house 借鉴营销学的研究，首次将象征性特征引入了雇主品牌的研究领域，发展了雇主品牌的问卷，其雇主品牌象征性特征有 6 个维度：诚挚、创新、能力、声望、强壮和愉悦。还发现人们对组织的熟悉程度和雇主品牌象征性特征与功能性特征都能解释组织吸引力，并且象征性特征的解释能力要强于功能性特征，当对组织熟悉程度高时，象征性和功能性特征的解释力度会增强。

High-house、Thornbury 和 Little 的研究发现，社会认同意识（Social-identity Consciousness）在雇主品牌象征性特征和组织吸引力的关系上起调节作用。其中，社会认同意识包括社会适应（Social Adjustment）和价值表现（Value Expression）两个维度。社会适应是指通过加入地位高的公司来给别人留下深刻印象，而价值表现是通过加入受人尊敬的公司来给别人留下良好价值观取向的深刻印象。对那些偏重社会适应维度的人，具有“印象深刻”特征的公司更具吸引力，而对那些偏重价值表现维度的人，具有“值得尊敬”特征的公司更具吸引力。

梁钧平和李晓红从雇主形象出发，认为营销学的“自我—产品形象匹配”理论可以借鉴用于人力资源管理领域，即雇员关注雇主形象的原因是不同的雇主具有不同的个性特征，组织的文化、气氛、价值观、目标和规范等基本特征与个人的人格、价值观、目标、态度等基本特征具有相似性时，个人与组织才能相互匹配；雇员通过选择雇主来进行自我表达，从而满足其自我提升和自我一致性的需要。因此，组织的文化、气氛、价值观、目标、规范等因素是雇员选择雇主的重要评判标准。梁钧平和李晓红研究发现雇员理想自我形象与雇主形象的匹配可以预测雇主吸引力。

7.结合我国国情的雇主品牌指标体系

殷志平（2007）分别以初次求职者和再次求职者为研究对象，在Berthon 等人研究的基础上，结合我国国情分析并提取雇主品牌指标体系。

结果发现，吸引初次求职者的雇主品牌维度依次是：环境价值、名誉价值、发展价值、经济价值和心理价值；吸引再次求职者的雇主品牌维度依次为：社会价值、名誉价值、环境价值、发展价值和心理价值。这与 Berthon 等人的研究对比发现了一个新的维度，即名誉价值，并对初次求职者和再次求职者有同样的吸引力。

后来，皇甫刚等人经探索性因素分析，在之前结构模型的基础上，构建了中国社会文化经济背景下具有 8 个维度（共 28 个项目功能性特征）和 6 个维度（共 22 个项目象征性特征）的雇主品牌结构模型，形成了有良好构想效度和信度的雇主品牌问卷。该研究构建的模型结构与 Lievens 和 High-house 的模型有 4 个维度含义近似，即“薪酬”“个人发展机会”“福利”和“企业社会责任”，但维度的内容项目描述有一定的差异。与朱勇国等雇主品牌的模型比较，有 7 个维度含义相似或相近，即“薪酬”“个人发展机会”“福利”“企业实力”“组织氛围”“个人价值实现”和“工作安排”，但在这 7 个维度上，该研究构建的模型结构对维度的描述内容项目则更全面、丰富。

8.以高校学生为导向的雇主品牌指标体系

更多学者是以高校学生为研究对象，探究高校学生心目中的理想雇主品牌。

其中，有的是以品牌形象的象征性和功能性理论为基础进行探索。皇甫刚等人（2012）以雇主品牌维度分为功能性特征和象征性特征两个方面的理论为基础，得出前者包括个人价值实现、薪酬、组织氛围、企业社会责任、个人发展机会、企业实力、工作安排、福利 8 个维度；后者包括能力、诚挚、健康、创新、声望、愉悦 6 个维度。周冰（2011）发现了 4 个关键维度：象征性因素中的“进取的”和“有能力的”，功能性因素中的外部发展性和工作内容。赵松书等（2008）以在校博士生为研究对象，通过验证性因子分析和方差分析发现，我国高校雇主品牌包括报酬系统、社会影响力、价值主张 3 个主要维度。其中，报酬系统维度由工作条件与环境、培训发展机会、晋升空间、弹性工作时间、解决户口与住房五项基本要素构成；社会影响力维度由教师身份社会认同度、知名度与美誉度、科研实力与成果三项要素组成；而价值主张维度则由用人理念、发展战略与目标、人才培养模式、管理政策与制度四项要素组成。冯诚和陈景秋（2011）发现高校本科毕业生心中的理想雇主品牌要素依次为：福利保障、制度文化、公共形象、直复传播。

小结

雇主品牌是现代人力资源管理的一个新的重点，良好的雇主品牌能够为企业树立一个良好的形象，无论是从内部劳动力市场还是外部劳动力市场的角度，都是同样的。它还能帮助组织有效吸引、激励、留住人才。从研究角度看，现在雇主品牌的研究还主要是从人们的意向上研究，意向可能与其实际的选择有所不同。从研究的内容上看，更多的是雇主品牌的价值和构成要素，较少有学者探讨该如何有效管理雇主品牌。除此之外，未来还需要进一步把员工满意度、组织承诺及组织公民行为等变量作为效标，探查雇主品牌与这些变量的关系，从而进一步检验所构建的雇主品牌问卷的关联预测效度。因此，我国对于雇主品牌的研究还有很长的路要走。

无论在理论研究，还是在实务操作方面，雇主品牌对绝大多数中国企业来说都是全新的内容。这对于企业来说是挑战，也是塑造独特竞争优势的绝妙机会。塑造雇主品牌的最大挑战并非培训人力资源部技能，而是促使人力资源部和营销、沟通部门密切合作——在大多数公司，这几个部门仍然是缺乏往来的。

因此，要成为卓越雇主，企业应该打破部门壁垒，综合运用人力资源管理和营销中的品牌管理和沟通技术，在全球的人才争夺战中赢得持久性的竞争优势。

从0到1，

一个雇主品牌的诞生与落地

从 20 世纪末雇主品牌概念创立，到 21 世纪初宝洁、联合利华等快消行业巨头以市场营销的理念推广雇主品牌，这项人力资源领域的新实践在世界各地走过了二十余年。

辛巍巍 | 资深人力资源专家

代营销学之父科特勒在《市场营销学》中将品牌定义为，是销售者向购买者长期提供的一组特定的特点、利益和服务。顾名思义，雇主品牌可以理解为企业为雇员提供的员工服务及工作体验的全部。笔者认为，雇主品牌的目标主要有以下几点：支持招聘战略，建立企业在本土和国际的知名度，与竞争对手差异化。人力资源部门则产销一体，负责设计输出和员工相关的服务和体验产品，包括宏观的组织文化、员工职业生涯发展和微观的员工岗前培训、办公环境等。同时，也利用这些内部产品做相应的外部营销：设计和雇主品牌相关的口号、标识、广告，吸引市场上的潜在顾客——人才。

有特定价值主张，差异化的雇主品牌可以溢价、增值，承载人才市场对其人力资源产品及服务的认可。领英曾发布白皮书（*Why Your Employer Brand Matters*），其中揭示了一个强有力的雇主品牌可以实现 2.4 倍的业绩增长，1.8 倍的利润，节约 50% 的雇用成本，降低 28% 的离职率。同时，在《哈佛商业评论》所做的一次 CEO 调查中，有 60% 的 CEO 认可，雇主品牌不仅和人力资源部门相关，也是和 CEO 相关的战略问题。对此，笔者深以为然，CEO 应是雇主品牌的战略管理者。与雇主品牌休戚相关的企业文化、人才理念，没有自上而下的高管垂范、认同和践行，人力资源部门设计出来的方案不具备任何影响力和推动力。

一个好的雇主品牌项目通常前期是市场调研和咨询项目，后期是营销和人力资源产品项目。其中的关键点可以归结为以下几部分。

第一，充分调研，了解员工对企业的诉求、期望和当前水平。这里的调研对象不仅包括企业内部的关键人才，也应包括市场上的潜在优秀人才，甚至是离职人才。在笔者做过的一家美国公司总部的雇主品牌项目中，该雇主品牌当时调研的对象扩充到了企业的投资者群体、企业的供应商和客户，以及竞争对手、企业招聘的合作伙伴，如商学院和猎头公司等，因为这些平台是较为集中的可能输送潜在人才的关联方。除此之外，了解竞争对手的雇主品牌也是重要的一步，既是为了吸取经验，也是为了差异化。

第二，因地制宜，确立企业的员工价值主张和雇主品牌关键词。谈到雇主品牌就必须谈一谈员工的价值主张，这是雇主品牌的灵魂和生命线。在笔者所经历的雇主品牌项目中，从确立、提炼到管理层认可，这是非常难的一步。

和雇主品牌休戚相关的员工价值主张中，有哪些重点呢？笔者在一家欧洲企业的雇主品牌项目运作中，发现员工呼声最高的两条是职业生涯发展和跨部门合作。在另一家美国企业的雇主品牌项目中提炼出的价值主张包括授权和信息透明。一种有趣的现象是员工的价值主张因行业而异，因国家而异。当时做的美国项目是一个业务多元化的集团公司，在 A 分公司提炼出来的员工价值主张和聚焦其他业务的 B 分公司和 C 分公司就不太一样；而全球总部提炼出的价值主张和其他地区、国家也不太一样。相对应的一个例子是，最近有一位外国友人根据 Glassdoor 上的真实雇员评分做了一个中国高科技企业海外分部的得分排名，包括 BAT、华为、联想和最近闹得沸沸扬扬的乐视。几个重点是：第一，这些公司在海外分部的得分总体偏低，和它们在国内的口碑极不相称；第二，外国雇员对这些公司的负面反馈高度类似，即信息不透明、当地分部无自主权、工作生活不平衡等，而这些在中国的本土企业中恰恰是很平常的现象。这个例子窥斑见豹，体现出了不同国家员工价值的主张差异以及企业总部和分部的文化差异，这背后更是国家文化、价值观和习俗的差异。这也是为什么雇主品牌需因地制宜、对症下药。它是非常本土化、定制化的无形资产。

员工价值主张提炼出来后，就要开始梳理雇主品牌的关键字与核心理念，这里有两个重点：一是市场营销技能；二是与公司愿景使命高度相关。比如医疗行业的企业倾向用“关爱”作为雇主品牌的关键词，然后以关爱的对象区分不同的支持项目，从员工、病患、社区、儿童等匹配公司的愿景和使命。

有了好的创意，另一个挑战就是要让企业高管对雇主品牌的字词理念达成统一意见。不同的人评鉴雇主品牌的宣传，颇有“横看成岭侧成峰”的意味。笔者当时的经验是，在几次和十多位高管的汇报会中，鉴别出反对派的意见领袖，邀请他进入以后的项目组讨论（外资企业追求民主，重要人事方案需每一位部门负责人赞成。在很多一言堂的本土企业，就利益相关者数量而言，这一关的难度可能只取决于最高决策者的态度）。剩下几位持不同意见的业务负责人，在每次圆桌汇报前对他们个别做简要介绍，倾听建议，争取支持。

从利益相关者管理的角度，挑选雇主品牌项目组成员也需颇费心思。人力资源部作为牵头人，公司市场部人才必请，在雇主品牌设计的方法论上，市场部专家无出其右。其他相关的传媒交流部、企业文化部等，如企业有类似设置，也应是广开言路、借鉴交流的部门。另外，邀请一两位核心业务部门代表参与讨论，保证项目组想法体现了公司的多元化声音，才容易在上会讨论时得到众部门支持。

第三，市场传播，转化推广雇主品牌的研究成果。这一部分可以看作一个短期独立的广告传播项目。根据公司资源和财力而异，可以设计口号、品牌、视频宣传等。这是把前期价值主张的研究成果推向市场，实现转化的重要一步，也是将来在众多招聘宣讲、行业研讨平台上可以短时间展现的实力。品牌传播作为与招聘相关的环节，渠道方式有很多种，重要的是，提炼出的品牌关键字和核心理念应充分渗透在招聘策略和行动方案中。

除了引进人才中对雇主品牌的使用，在管理离职人才时，雇主品牌近些年也发挥了巨大作用。雇主校友会的建立开始兴起。很多世界 500 强企业都成立了自己的校友会，不定期组织校友回家活动，也建立了线上平台，欢迎校友们利用在同一公司工作过的

标签实现资源共享与商业合作。好的雇主品牌应是每个离开雇员愿意彰显和继续使用的身份标签。另一个鼓励在职员工群策群力的例子是，最近硅谷的一些高科技企业为进一步打开公司知名度，它们的雇员若以公司身份参与各类行业论坛，宣传公司，并在回来后对同事们做分享，它们为此付出的交通食宿费和参会费等就可以得到报销。这体现了公司对鼓励员工作为个体宣传雇主品牌的积极姿态。

在这里须强调，市场推广固然重要，但绝不应该是雇主品牌项目转化的唯一着落点。现在每年都有各种规格的雇主品牌评选，消费者的眼睛是雪亮的，他们会去评选、了解这些陌生的企业品牌，也会去各种第三方网站对比这些企业的真实评价。所以，企业不塑造雇主品牌不行，因为当今太多的社交媒体及信息渠道会以第三方视角编码一家企业，而企业不塑造真实的雇主品牌也不行，因为第三方视角同样会以市场监督和评判家的角色得出自己的结论。

笔者完稿之际，关注到一场富有创意的雇主品牌电影节正在上海筹办。窃认为，雇主品牌的最佳实践，应是位于消费者服务体验第一位的企业内部对其员工的价值创造，而非市场推广的短暂吸引。对招聘环节的投资，只是促成一次购买交易而已，它不反映雇主品牌的任何优势，也不是吸引人才长期保留的相关因素。只有员工从入职后开始的体验，才是体现雇主品牌塑造的有力环节。

第四，设计人资产品，作为雇主品牌长期发展的支持项目。根据员工价值主张和现状的差距，人力资源部可以跟进设计相关产品，如建立员工职业生涯发展项目、邀请公司高层做更多的定期信息分享和交流、在领导力的培训中增强授权部分等，这才是最终雇主品牌落地的行动方案。PayPal的联合创始人Peter Thiel在《从0到1》中说，光有品牌，没有好的产品支持，品牌的历史价值会挥霍殆尽。

雇主品牌概念的兴起，让更多企业开始重视对内部消费者的服务体验。雇主品牌绝不是一次性的、锦上添花的项目，而应是公司人才管理的可持续化实践，每年温故而知新，最终创造公司与人才的持久双赢。据说，每年有200万人从世界各地应聘谷歌——号称硅谷史上最伟大的公司。其他企业可能还不能一下子像谷歌的雇主品牌那样富有魅力，让人才接踵而至，但是，在每一个关键岗位的招聘中，如果好的雇主品牌能为我们带来哪怕多一个的合适人选，那也足够了，不是吗？

雇主品牌是指企业作为雇主在人力资源市场的形象，对外讲是面对广大潜在雇员建立组织在人力资源市场上的最佳雇主形象，对内是对企业先前与现有员工的生活、成长和职业发展做出的一种可靠承诺。

从定位到评估

——雇主品牌的方法论概要

邵学全 | 和君集团业务合伙人，资深咨询师

主品牌包括知名度和美誉度两个方面。就知名度和美誉度都比较高的公司来说，比如美国的谷歌搜索公司，法国的家乐福公司，德国的宝马公司，中国的同仁堂、海尔、海底捞、腾讯和阿里巴巴等。有些企业虽然知名度很高，但是美誉度很低，优秀的人才并不愿意考虑到这样的企业工作，比如富士康知名度很高，出了跳楼事件后美誉度就很受损了。当然，雇主品牌也可能跟企业的大小和历史的长短关联度不是太大。良好的

雇主品牌可以提高企业知名度，为企业广募人才，为企业降低 50% 的招聘成本。并且，企业通过为雇员提供功能、经济和心理利益建立雇主品牌，雇员在此利益关系中体验将成为企业的一种激励策略，使雇员能充分发挥其潜能，提高自身绩效水平，最终为企业绩效服务，提高企业竞争力。同时，雇主品牌也可以作为企业的留人策略，可将企业的员工流失率降低 28%。

在人才竞争激烈的今天，许多企业认识到了雇主品牌建设对企业内外部人才吸引的重要性，且在企业创新转型期日益成为各界探讨的热点，它不仅改变了企业的经营思路，也颠覆了企业的管理思维。随着市场竞争的不断加剧，企业面临着吸引高素质、高水平的人才，保留企业发展需要人才的巨大挑战。在经济迅速发展的今天，人才也拥有更多元化的选择，而且更加关注自身工作的环境以及将来的发展，人才也开始主动寻找自己喜欢的雇主。因此，企业经营者和人力资源工作者越来越关注雇主品牌这个话题，开始意识到建设企业雇主品牌可以帮助企业提升雇主形象，帮助企业提升竞争力，是一种主动出击的人力资源管理战略。为了降低人力资源成本，铸就最佳雇主品牌，帮助企业解决“如何吸引和保留核心人才”这一决定性的目的，越来越多的企业开始思考如何打造适合自身的雇主品牌建设的方法。

那么雇主品牌该如何建设，很多公司在实践操作中并没有落到实处，比如在用人上不注重培养，拿来就用，用不上就辞退的短期行为，出现了“高薪挖急需用的人才”和“冷落用过的人才”的不良现象，严重损害了雇主的品牌形象。其实雇主品牌建设分为内外两个方面，即所谓对内部员工和外部潜在的雇员客户两方面要内外兼修。如何更好地建设自己的雇主品牌，主要做好以下几方面的工作。

注重雇主品牌的定位

雇主品牌定位包括雇主品牌价值理念内涵表述和制度行为的规范。

雇主品牌定位包括雇主品牌价值理念内涵表述和制度行为的规范。举个例子，以知名的零售企业胖东来百货为例，它的品牌形象就是

“公平、自由、快乐、博爱”

而在其细则中则充分体现着对员工的关爱与尊重，以及创造、分享、传播快乐的使命。通过对员工关爱、让员工快乐，来改变员工的习惯与行为，传递到顾客时便转化为高质量的服务。在中国企业里，能认真为员工做职业发展规划的很少。而胖东来不仅为员工做详细的职业发展规划，同时还为员工做生活规划，甚至细致到了各阶段应当住什么样的房子。“不仅教员工如何工作，还教他们如何享受生活。”关爱的思想不仅出现在文化指导手册，在胖东来的管理制度中也有具体的体现。对加班工作甚至还有相应的惩罚措施。为了提高员工的生活质量，让员工分享生命中更多的幸福和温暖，也为了让员工感受到企业的进步是让大家有更好的寄托，觉得企业是值得他们认可和热爱的企业，这样他们才会用更高的热情投入工作，在公司理念的引导下，努力提高个人品质，提升个人及团队专业能力，团结一致，相互帮助，把商场的商品做得越来越丰富，质量更可靠，价格更实在，环境更整洁，服务更完善，顾客更放心，为大众生活品质的提升，展示大家的才华和能力，也让更多的人感受到生活的美好和阳光。对于工作期间，管理和工作不作为、松懈、懒惰、不认真、抱怨、不热爱企业的；专业知识、技能不合格，严重违背企业理念的，各级主管要严格履行职责直接予以清退。强化制度执行力，保证顾客满意和企业品牌的健康成长，否则当

事主管直接免职。平时的表现也直接影响将来的职务晋升与福利分配。进入胖东来，你看到的营业员在全国各地都很少见，全部喜笑颜开，发自内心。由此来看，做好雇主品牌定位，既要关爱人性、体现行业属性，又要顾及价值理念与制度行为的一体化，真正做到“表里如一”。

做好雇主品牌体系构建

（1）以客户价值为起点。互联网时代是一个客户价值至上与人力资源价值优先的网状价值时代，客户与企业员工信息交流更加透明和便捷，客户处于价值链输出的起点和终点，客户的需求处于主导地位，而各企业员工则作为客户价值的创造者，满足客户诉求，这样客户与企业员工也就形成了一种网状价值。企业作为雇主品牌建设的主体，与雇员建立利益关系时，应首要将建设内容与顾客价值相匹配。

（2）以企业人力资本为桥梁。人力资本是客户价值的创造要素，客户价值的创造，要优先对人才资源进行投资和发展。因此，在雇主品牌的建设中，雇员价值的实现需要以企业的人力资本为前提，即以企业的人力资源为桥梁，实现企业雇主品牌从无到有的建设。人力资源部门是企业雇主品牌建设的主要力量，因此企业需要对人力资源部门员工加强雇主品牌建设相关的知识和技能培训，最终通过以人力资本为桥梁实现雇主品牌的建设。

（3）始终凸显商业民主化。互联网时代利用移动互联、自媒体等技术，打破了时空的限制，将广泛的信息在社会大众间实现零距离的沟通。任何人都可以在商品交易中表达自己的观点并成为其他利益相关者的评价依据，社会大众的话语权在互联网时代被广泛得到重视。这也就是互联网时代中“互联互通的商业民主时代”特征。因此，企业在打造雇主品牌的同时，要加强企业文化建设，优化企业人力资源管理体系，重视树立雇员口碑，提高企业雇员的雇用体验。

（4）致力构建共享企业生态圈。互联网时代，企业打破内外部的边界，企业内部组织结构呈现扁平化，企业外部与其他企业虚拟链接，竞争与合作共存，实现开放的“组织生态系统”。互联网时代的开放精神，要求在公司内外部，雇主品牌的建设形成开放的格局，雇主品牌的建设不仅局限于人力资源管理部门，还需要公司各部门的共同协作；企业经营管理层需要在雇主品牌建设中制订战略方向，并为雇主品牌的建设和实施清扫障碍；企业人力资源管理部门作为雇主品牌的主要开发者和建设者，将高层管理人员的品牌价值具体化，为雇主品牌的建设提供技术支持和维护；企业各部门则需要正确理解和贯彻雇主品牌的内容，确保雇主品牌的实施与企业的雇主品牌价值相一致；而作为雇员，作为雇主品牌的体验者，需要向企业的潜在求职者宣传其体验的品牌价值。

雇主品牌传播

雇主品牌的传播主要包括传播工具的开发和品牌传播的实施两个方面。

针对社会招聘，可以利用信息纯净的职场社交平台，强势传播雇主品牌，吸引优质人才。通过职场社交征才解决方案，找到优质人才并建立互动，让他们成为长期的关注者。跟踪效果后你会发现，吸引人才的效果将提升数倍。借助企业员工的宣传效应或使用精准定位广告，主动吸引人才关注。通过关注和互动，企业动态将成为他们社交生活的一部分。

70%

超过70%的社会精英是被动求职者，不主动寻找工作的他们，将雇主品牌作为衡量机会的重要标准。

针对在校园招聘中雇主品牌的外部传播，如何更好地借助校招平台进行媒体传播和活动传播，是校招取得良好效果的关键。宣传是否充分、是否吸引到了适合企业发展的既定毕业生群体、是否最终录取到了企业想要的核心人才，往往是校园招聘成功的关键。必须能在雇主品牌形象的外部传播上下一番功夫，只有这样才能达到理想的效果，否则只能是一场“劳民伤财”的华丽盛宴而已。而建立雇主品牌的外部形象，往往需要从很多看似不起眼的细节着手。

雇主品牌的评估

在现实中，人力资源工作对于老员工和校园招聘应届毕业生两方面的“满意度调查项目”能很好地达到雇主品牌评估的目的。

对于内部老员工来讲，工作满意度是衡量企业员工职业生活质量的一项重要心理指标。进行员工满意度调查，一方面能让公司决策者了解员工的期望及看法，作为政策制定时的参考；另一方面，也表达了公司对员工个人意愿的尊重，让员工参与进来并产生归属感，提高员工满意度；通过调查，了解大多数员工的想法，进而得到认同和支持，让少数持有反对意见的员工接受事实。这些措施的目的就是让雇主品牌建设的方案落到实处。当然确保过程公平有效也是很重要的。很多世界500强企业每年都会请专业的咨询公司实施员工满意度调查项目，并对调查结果进行详细的通报和分析，甚至专门会成立工作小组对调查项目中的问题进行改进和再评估，就是出于这个原因。这是目前很多民营企业所欠缺的，其来源于一种以人为本、坦诚相对、长期经营和持续发展的意识，造成了雇主与雇员之间地位不平等、相互不信任的局面，雇主良好的品牌形象也会难以塑造和维持。

而校园招聘满意度调查主要包括参加宣讲会的毕业生在校园招聘结束后对企业的印象和对整个宣传活动的满意度，检验企业校园雇主品牌的提升效果，同时也为企业第二年改善校招流程和雇主品牌策略提供依据。其具体实施步骤如下：**设计调查问卷—发放调查问卷—回收调查问卷—进行数据分析—出具调研报告—总结与展望。**通过满意度调查，一方面，可以纠偏扶正；另一方面，变相宣传了雇主的优质品牌。

除了以上这些策略外，雇主品牌形象建设还涉及很多方面，比如有竞争力的薪酬福利制度、规范先进的管理制度、通畅的职业生涯规划和晋升通道，有针对性的员工培训和职业培训课程体系、人性化的应聘者接待流程和招聘会细节设计与细致周到的大型校企合作项目，如在一些专业性较强、生源优秀的合作学校里设立企业奖学金、开发校企合作实习基地、派出专家讲师教授专业针对性较强的企业技术培训课程和建立校企联名图书馆等，这些能为在校生提供实实在在好处的措施，都在无形中促进了雇主品牌形象的建立。

总之，雇主品牌建设既是一种营销手段，也是一种人力资源策略，但是要落到实处，有很多细化的工作要做。需要企业一把手具有强烈的品牌建设意识，需要切实可行的雇主品牌体系方案，需要有落实的措施行动和切实可行的评估机制，这样雇主品牌形象建设才能真正达到理想的效果。

雇主品牌“三·三三”评价模型

——浅谈人力资源在企业文化建设中的作用

兰青秀 | 西安交通大学管理学院 MBA，国家注册管理咨询师、国际注册管理咨询师 CMC、国家人力资源管理师

三维解读，何为雇主品牌

从市场营销角度看，雇主品牌是一种品牌理念。品牌是消费者对企业或产品的一种识别、认同和信任的关系，那么，雇员对雇主存在的这种识别、认同和信任的关系，就是雇主品牌。

从人力资源管理角度看，雇主品牌是人才管理的核心内涵。只有成功地搭建起企业和人才之间连接的桥梁，才有可能产生凝聚力，从而“聚能于企”，推进人才管理创造卓越的组织绩效。

从企业文化角度看，雇主品牌是企业文化建设的重要内容之一。企业的使命、愿景、价值观，都需要企业的人、财、物在管理体系的运作下产生组织效率，从而产生组织效益。而从企业运营的角度看，对人的管理就是雇主品牌。

良好的雇主品牌不仅可以留住并激励优秀的雇员，还可以吸引大量的潜在人才，并在此基础上产生广泛的社会影响，与企业品牌相得益彰，成为企业形象的表达形式之一，为企业带来丰厚的财务回报。

百家争鸣，雇主品牌评价模型

目前，国内针对雇主品牌评价的组织或活动主要有翰威特“最佳雇主”调研、中央电视台举办的“CCTV 中国年度雇主调查”、智联招聘主办的“中国年度最佳雇主评选”、中华英才网举办的“中国大学生最佳雇主调查”等。

翰威特（Hewitt）咨询公司于 1998 年启动雇主品牌的相关研究，通过员工意见调查问卷、人员管理资讯库问卷、首席执行官问卷三套问卷来调查企业，并获得评价最佳雇主所需的数据。雇主品牌的评价从三个方面进行量化分析：匹配度、员工的敬业度、敬业度驱动因素。

中央电视台经济频道于 2005 年联合全国十余家主流媒体及专业人力服务机构智联招聘共同推出“2005CCTV 年度雇主调查”活动，旨在“关注雇主品牌、倡导快乐工作”。

通过员工调查获得员工的“快乐工作”指数，从“成就感”“成长感”和“归属感”三个层面来测度员工的快乐工作感受。

中华英才网在 2005 年初步提出了中国“最佳雇主”CBC 模型（Compensation Brand Culture Model），认为大学生是从“全面薪酬”“品牌实力”“公司文化”三个维度对雇主品牌进行评价的。2008 年，中华英才网在历届数据研究的基础上，引入了 DBCC 模型，分别从“职业发展”“品牌实力”“薪酬福利”“公司文化”四个角度对最佳雇主品牌进行全面解读，如图 1 所示。

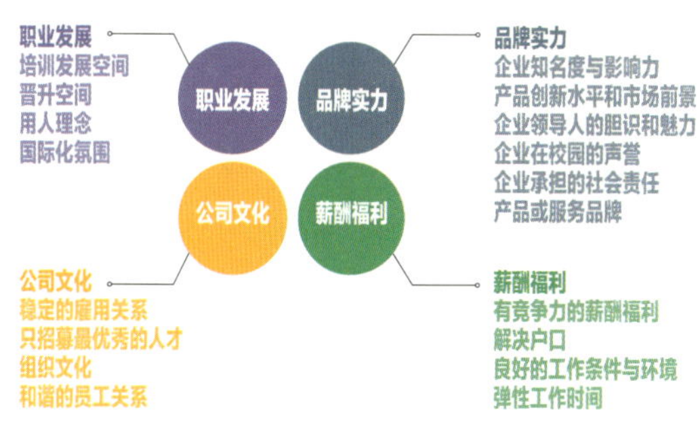

图1　中华英才网“最佳雇主”DBCC模型

雇主品牌的评价因子和模型，因为出发点差异、思维角度差异等因素，难以评价孰高孰低，但这也正说明了雇主品牌的评价还未形成公认的评价模型，处在“百家争鸣”的理论研究与实践检验阶段。

雇主品牌“三环·三感/三力”评价模型

那么，如果我们用“剥洋葱”的方式，由内及外审视雇主品牌对不同圈层的客体产生的不同作用，雇主品牌可以用“三环•三感/三力”即“三•三三”评价模型来分析，如图2所示。

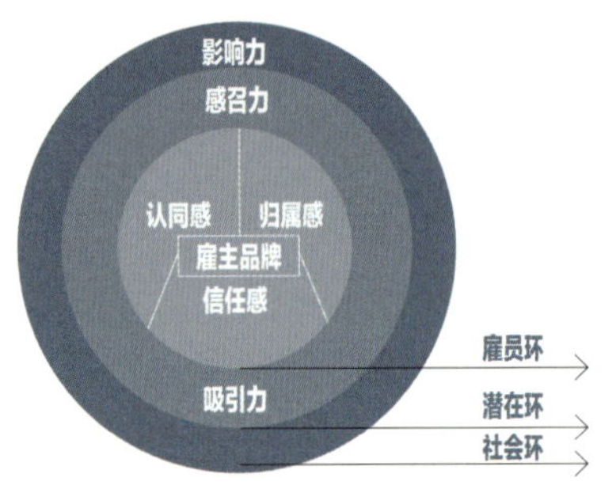

图2　雇主品牌“三·三三”评价模型

雇员环·信任感/认同感/归属感

雇员是雇主品牌的主要客体，是雇主品牌核心价值的重要体现。雇主品牌之所以称为“雇主品牌”，就是相对其在雇员中产生的影响力而言的，因此“雇员环”是雇主品牌的核心环。在雇员环中，对于雇员而言，雇主品牌是对企业信任感、认同感和归属感的集合。信任感是认同感和归属感的基础，充分信任后产生认同感，高度认同中形成归属感。

第一，信任感来源于企业的承诺以及承诺兑现的程度。

企业对于雇员的承诺，需要及时、按量兑现，如遇到特殊情况不能及时兑现，必须说明缘由，并附带相应的补偿措施。那些想当然地认为员工健忘，易承诺、轻兑现的企业，无法令雇员产生信任。一家内部失信的企业，一定也不会守信于市场。信任，是雇主品牌建立的基础和源泉。

第二，认同感是对企业行事风格认可和满意的程度。

在信任的基础上，雇员开始审视企业的行事风格：对待产品质量是严谨的还是疏忽的？对待客户是真诚的还是敷衍的？对待管理是人性的还是苛刻的？雇员自有判断。企业的商业行为和管理手段，只要在法律法规限定的范围内，都是允许发生的，但是，这并不代表所有的雇员都会认同和接受。比如一家开创型企业，为了抢占市场先机，不惜重金从竞争对手那里挖来技术人才，导致竞争对手失去核心技术研发能力，丧失市场机会而最终破产。每个人的价值观和道德底线不同，对事件的认识也不尽相同。那么，尽可能让大多数的雇员认同，坚守大众的道德底线，是使企业获得雇员认同感的必经之路。

第三，归属感是员工融入企业、与企业共进退的程度。

归属感是雇主品牌形成的里程碑。如果说，在信任感和认同感阶段，雇员还在观望，那么到了归属感，雇员就真正与雇主形成了稳定的情感关系。归属感开始发挥正能量作用，促使雇员自我驱动，意识层面产生“我是企业一分子”的认识，从而形成更大的雇用黏性，使企业抱团集聚能量。归属感带来凝聚力，凝聚力带来创造力，创造力带来企业的未来。

经常有朋友咨询关于工作的种种困惑，笔者认为，工作首先要找到“感觉”，然后会有很多问题迎刃而解，就算还有问题没有解决，你也会发现，一定有解决问题的办法。这种“感觉”，往往就是“雇员环”的核心要义，信任企业、认同企业，时刻与企业站在一起。

潜在环·吸引力/感召力

雇员是企业发展的核心力量，但是企业需要新陈代谢，需要新的血液，因此，潜在的雇员正是企业雇主品牌建设的重要目标。对于潜

在雇员来说，企业必须先有吸引力令他们产生了解的兴趣，再有感召力促使其加入企业，从而转化为雇员。

第一，吸引力一般依靠企业光鲜的外表来打造。我们往往无意识地成为“颜值控”，就像自己初识陌生人，也不免先从颜值和气质来评价一二，潜在员工选择企业也是如此。因为对企业不了解，只能从外在的宣传粗浅地了解，从而决定是否深入接触。所以，企业的优势需要“被显化”，并且“被宣传”。每到就业季，学校里各种招聘宣讲会让毕业生应接不暇，然而，不同企业的宣讲会，受学生追捧的程度差异很明显。那些招聘宣讲会一票难求、场场爆满的企业，首先是打造了这样的“吸引力”，一种没办法说清楚，但是像磁场一样的吸引力。

第二，感召力一般建立在对企业理性的分析之上。吸引力让潜在雇员走近，但是并不一定能够将其收纳麾下，而这就需要形成感召力。感召力往往会带给雇员就业的骄傲、炫耀的资本和诸多未来的美好期望。这些，才是带领他们走入企业大门的钥匙。吸引力是单向的，感召力是复合的，既需要打动潜在雇员，又需要打败竞争对手，把最优秀的人才变成企业的雇员。

社会环·影响力

良好的雇主品牌，除了凝聚雇员、广纳人才以外，还会和企业品牌相得益彰，由内及外，增强企业的社会影响力。社会影响是企业的无形资产。

企业向外传递的是一种品质、一种理念、一份责任，甚至是毕生的使命。这种影响力，从企业内部生发，依靠员工传递，体现企业魅力，从而促进企业品牌更大范围地传播与推广，最终形成一个良性的循环。

一个女孩谈了个男朋友，因为男孩子家境贫寒，女孩父母都很担忧，甚至一度持反对意见。但是，听说男孩在华为工作，女孩父母终于喜上眉梢：能在华为工作，不图现在，可图未来。这也是华为的一种力量吧。

雇主品牌建设的目标及评价的标准，源于核心雇员，延展到潜在人才，融入社会百态。雇员信任、认同，最终归属；潜在人才被吸引，被感召，最终加入；社会人士被影响，最终支持。由内及外，从雇主品牌出发，最终融入企业品牌，成为企业健康发展的生命力之源！

BUILD A BRAND TO GET TALENT

建立全面雇主品牌，获取人才溢价优势

任艺 | 华恒智信高级人力资源顾问　　方丞世 | 分析员

人才，是现在企业得以存续和可持续发展的核心基础。而中国目前很多待发展企业都面临着一个重要问题，就是人力资源战略的缺位和人才的匮乏。

根据相关数据统计，应聘者在考虑接受一份新工作时，工作的挑战性、晋升机会和薪酬福利等物质条件仍然是首要考虑因素。《中国大学生最佳雇主调查报告》显示，在校大学生对最佳雇主的判断来源于企业产品创新程度、行业领先地位和福利保障水平，而已毕业的大学生则更加关注企业品牌内涵、发展愿景和薪酬绩效。可以发现虽然他们的诉求有所不同，但同样都主要关注企业发展和个人的实际利益。通过近几年《中国年度最佳雇主报告》也能看出，大学生心目中最佳雇主的特征已有变化，薪酬福利的重要性略有下降，取而代之的是更加看重公平公正、尊重员工和个人提升（如图1所示）。

“21 世纪什么最贵？”

“人才！”

2013 年	2012 年	2011 年
1. 公平公正的用人原则	1. 完善的福利待遇	1. 完善的福利待遇
2. 对员工的尊敬	2. 提升个人核心能力的机会	2. 提升个人核心能力的机会
3. 提升个人核心能力的机会	3. 企业具有良好的发展前景	3. 企业具有良好的发展前景
4. 完善的福利待遇	4. 公平公正的用人原则	4. 有竞争力的薪酬
5. 和谐的内部人际关系	5. 和谐的内部人际关系	5. 舒适的工作环境

图1　大学生心目中最佳雇主的特征TOP5

资料来源：中华英才网《2013年中国最佳雇主年度总报告》。

不过，从具体的招聘预算分配来看，企业对雇主品牌的投入却只有招聘预算的6%，远小于求职网站、招聘广告的39%和人力资源机构费用的22%。

虽然有近 73% 的招聘预算目前被花在了求职网站、招聘代理机构和招聘活动上，但是招聘负责人普遍表示雇主品牌建设是他们最希望在未来加大投入的首要领域。如果预算不成问题，或者能随着人才市场竞争与公司高层逐渐在这些“隐性投入”上达成共识，大多数招聘负责人都会优先考虑投资于如打造优秀雇主品牌、系统化招聘测评工具等长期建设，而不仅仅是满足一些短期需求。

领英发布的《2017 年中国人才招聘趋势报告》中也再次显示：91% 的中国人才招聘负责人认为，雇主品牌对他们聘请优秀人才的能力具有显著影响：建立良好的雇主形象，提高雇主品牌在人才市场的知名度与声誉，有助于企业汇集优秀人才、提高竞争力（如图 2 所示）。

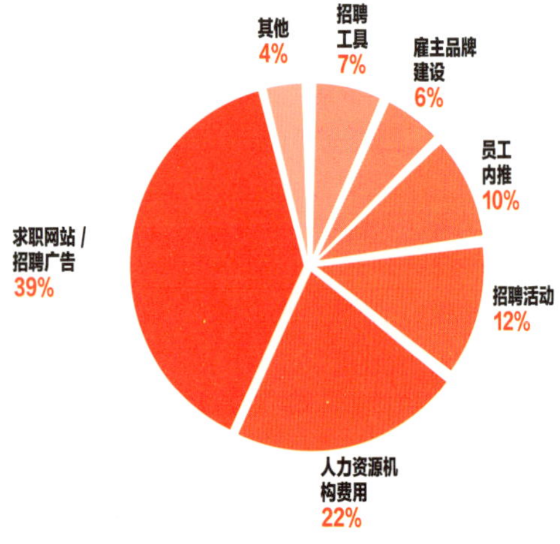

图2 招聘团队2017年招聘预算详情

资料来源：领英《2017年中国人才招聘趋势报告》。

雇主品牌究竟是什么

企业给人才留下的印象，便是雇主品牌的雏形。雇主品牌概念最初由英国管理学家 Ambler 和 Barrow 共同提出，其表现为企业激励和保留现有员工，以及吸引潜在员工的相关价值、政策和行为体系。随着人才竞争的加剧，雇主品牌正日益受到企业的关注。

在具体介绍雇主品牌如何打造之前，我们首先简单普及一下两个与雇主品牌经常混淆的概念：企业品牌和产品品牌。

企业品牌＞产品品牌＋雇主品牌

企业品牌是以企业为实体的社会公众形象，针对的群体较广泛，所有利益相关者都是其目标。

产品品牌针对的则是目标消费群体，品牌的核心基础是基于产品之上的品牌形象。大多数人通过电视广告等看到的品牌宣传，是企业基于对产品品牌的斥资打造。

目前，国内企业塑造品牌的重点，往往都放在企业品牌和产品品牌的打造上。相对而言，一般都较为忽视雇主品牌的打造，更是很少有企业将雇主品牌作为企业运营宣传的重点战略方向（如图 3 所示）。

图3 企业品牌、产品品牌、雇主品牌三者的关系

雇主品牌是公司在人力资源市场上的定位，是雇主和雇员之间被广泛传播的一种情感关系，是企业做出的价值承诺，包括面向外部潜在人才的对外品牌建设和面向内部员工的对内品牌建设。

雇主品牌的打造，对外要区别于竞争对手，向潜在雇员传递独特且具有吸引力的工作环境、氛围、文化导向；对内则要准确描述并宣贯到位企业的核心使命、价值观，并获内部员工一致认同的战略目标及相应策略。

通过对比，我们可以看出：雇主品牌虽与产品品牌和企业品牌的侧重点不同，但却紧密联系。如果转化恰当，对于拥有良好产品品牌和企业品牌的企业，要想打造高品质的雇主品牌，显然具有得天独厚的优势。联想的人力资源高级总监张艳就曾提道：“在联想，雇主品牌与产品品牌是不可分割的，雇主品牌是 HR 和业务团队、市场团队共同努力的结果。”

小米是让不少人津津乐道的国内民营企业品牌运营的成功案例。小米通过运营自己的产品来经营粉丝，内部不仅要求让员工成为粉丝，甚至还尝试让粉丝成为员工。不少用户在现场体验过小米之家的服务后，会选择申请来小米工作。他们说小米的服务和别人不同，就像对待朋友一样，用心而且氛围轻松，相信工作环境也是如此。

宝马（BMW）是一个很好地将雇主品牌和产品品牌打造融合在一起的案例。宝马的 HR 部门把面试场所搬进了赛道，邀请外部候选人体验宝马产品，通过亲手操控宝马产品的实际体验，将产品品牌建设融入雇主品牌建设，吸引优秀的人才加入宝马。

但雇主品牌毕竟与产品品牌和企业品牌不同，因此并不能替代。以日韩企业为例，其产品虽以质量闻名于众，消费者对其产品品牌的评价可能也很好，但其在打造雇主品牌方面的表现却不太尽如人意，这可能是由于文化差异、管理思维差异、制度理念、工作压力等问题所导致。无论如何，这类企业就没有像建立自己的产品品牌一样，建立起自己的雇主品牌，因此，在对国内优秀人才的吸引力方面，它们的优势就显得相对不足。

雇主品牌对人才溢价的影响

人才竞争时代的到来，导致许多企业的人力成本不断攀升。但现实情况是，即使企业支付了高昂的人力成本，也不一定能招聘来与企业匹配的优秀人才。劳动力市场供求关系的转变，以及极具个性的新一代人成长为现今劳动力市场的主力军，都成为了企业在人才竞争时需要面临的新挑战。打造雇主品牌，可以帮助企业在人力资源市场上享有较高知名度、美誉度，甚至是员工忠诚度，从而对外降低吸引人才和招聘失败而导致的成本，对内减少保留现有人才和成熟人才跳槽而产生的成本。

良好的雇主品牌，可以使潜在雇员更愿意应聘、使现有员工更愿意留任，有些人甚至愿意在物质回报低于其他雇主的情况下，依然选择应聘或继续留在理想的雇主处效力。这就是雇主品牌在企业进行劳动力购买与支付时获得的“人才溢价”。

做招聘的人肯定都知道这样的现象：不是公司越大越知名，其薪酬福利就一定越好。反而，越是知名企业的一些基础性岗位，越是存在较大的溢价空间。其实这也很好理解，因为一般情况下，知名企业已经树立了自己良好的雇主品牌，这对优秀人才的吸引，使其在与其他企业的人才竞争时，占据了较为有利的地位。如果两家雇主企业开出相同的条件，应聘者当然愿意选择雇主品牌更好的企业，哪怕拿到的物质回报少一些，很多应聘者也仍然愿意选择去知名企业工作。

就好像作为消费者，当我们购买物品时，如果价格相同，多数人更愿意去购买知名品牌的商品，即使有时候价格还要稍贵些，也仍然愿意支付这个成本。自然，企业也是深谙其中道理的，所以既然已经由雇主品牌建立了这样的优势，那么对待一些基础岗位，或者对于一些可替代性较强的雇员来说，企业当然要利用自己的溢价空间来节省人力成本。而对于那些没有树立起雇主品牌优势的企业来说，想要在人才市场上招聘到同样水平的人才，由于其缺乏品牌优势，必然要在薪酬福利等其他因素上支付更多成本。

据相关数据统计，若企业拥有较好的雇主品牌与雇主价值主张，可以通过少于平均14%的薪资水平吸引到优秀的人才，实现人才溢价。

雇主价值主张是一个用于衡量员工付出与回报的心理度量指标，既包含企业对员工工作所抱有的期望，也包含目标达成后能够给员工带来的利益。如果员工认为他的收获抵得上甚至超出其付出，对企业的满意度和忠诚度就会更高。对于雇主品牌而言，拥有独特的雇主价值主张在这个竞争日趋激烈的人才市场至关重要。一个合理有效的雇主价值主张能够提供给应聘者一幅具有说服力的全景图，突出与竞争对手的差异优势。

打造全面雇主品牌

1 不论企业大小，资金多少，都应该有意识地建立雇主品牌，创造溢价空间

既然树立雇主品牌对企业的人才竞争如此重要，那为什么很多企业在打造雇主品牌上的投入明显不足呢？而且越是大企业往往越注重雇主品牌，越是中小企业越觉得雇主品牌建立似乎与自己无关。结果前者吸引人才的能力越来越强，而后者始终在人才争夺中处于劣势，只得再被动增加其他方面的招聘投入（如招聘广告费用）来确保有人应聘，但即使有人应聘，稳定性还十分堪忧。如此往复，恶性循环。

确实，我们不得不承认，雇主品牌的全面打造的确离不开资金的支撑，但并不是只有大手笔的金钱投入才能得到雇主品牌建设的良好效果。要打造一个好的雇主品牌，也绝不是一朝一夕的事情，更不应该等有了资金之后才开始行动。否则，就永远难以在人才抢夺战中争得先机了。一旦进入恶性循环，难以有优秀人才的供应保障，企业何谈发展？又如何得到资金支持呢？对于不

同类型、处于不同发展阶段的企业，我们无须与财大气粗的企业攀比，只要积极采取与之相匹配的、能承担的方式来打造雇主品牌即可。例如，大企业可以通过高额广告投放来塑造雇主品牌，而中小企业可以通过网络社交媒体及线上宣传渠道来建立雇主品牌，吸引公众关注。

图4　求职者最想了解的供职企业情况

据相关数据显示，有近 70% 的求职者在调查“最想了解的关于未来供职企业”的事项中选择了“公司文化和价值观”，这一点甚至超过了与个人利益直接相关的薪酬福利（如图 4 所示）。而对于还没有在潜在应聘者群体中建立起雇主品牌优势的企业，也可以通过良好的公司文化与价值观的明确与宣传，来起到吸引人才的一定作用。例如，充满正能量的企业文化、和谐友好的同事关系、个人价值的认同与实现、个人快速成长和迎接挑战的机会、团队紧密合作与领导关怀等，都是发展中的中小企业可以不用投入多少成本，就完全可以打造并建立起的吸引人才的方式。

2 打造全面雇主品牌，可从六个维度入手

从“雇主品牌”被第一次提出开始，就不乏国内外学者和相关机构对其进行研究，在其结构和维度划分上也有不同结论（如图 5 所示）。企业虽然不需要研究学术，但可以利用这些研究成果，来启发我们通过在相关维度上投入打造全面雇主品牌。

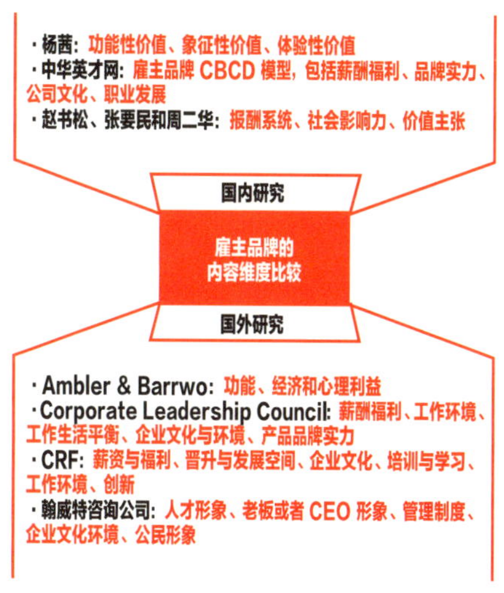

图5　雇主品牌的内容维度比较

对比总结这些研究结论，我们不难看出：打造雇主品牌，基本可以从企业文化、产品品牌影响力、工作环境、薪酬福利、晋升与发展空间、学习与培训机会 6 个维度来进行。其中，企业文化、产品品牌影响力、工作环境是跟企业更相关的维度，而薪酬福利、晋升与发展空间、学习与培训机会是跟员工更相关的维度（如图 6 所示）。

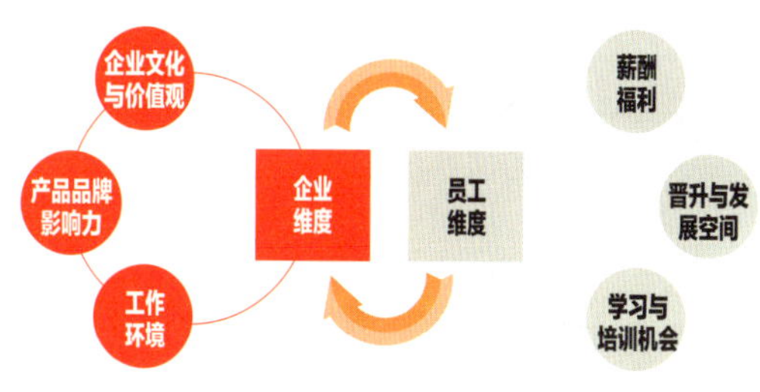

图6　打造全面雇主品牌的建设维度

企业文化，是打造雇主品牌的一张王牌，其包含了企业愿景、核心价值观、稳定和谐的雇用关系、良好的组织氛围、用人理念、管理理念等内容。

的宣传投入资金。对于这项工作，人力资源部门的人员可以充分与市场或公关部门的同事进行跨部门合作。

工作环境，一般包含办公环境和人文环境两个层面。通过一些权威机构每年对大量应聘者进行的调查显示，对工作环境的在意程度，在近些年的求职者中不断提高。尤其是90后大学生群体，甚至不乏有人给出这样的职业选择原因："选择A公司是因为办公环境高大上，发朋友圈感觉有面子。"暂且不论说出这一言论的人是否是企业优选的人才对象，但人力资源工作者已经无法忽视这一现象的存在。但如果企业无法在短时间改变办公环境或地点的话，可以通过温馨的装饰或细节（如员工活动照片墙、风采展示、零食茶水间、员工生日定制化礼物、节假日时有典型节日色彩的布置等）来增加一些工作之外的生活乐趣，体现公司的人文关怀。此外，定期举办团队活动、小组拓展、建立双向沟通机制等，都可以帮助建立良好的人文环境。

薪酬福利，是员工切身利益的保障，体现出组织对员工贡献的认可以及雇主承诺的兑现。通过建立体现公司文化价值观与企业战略相匹配的薪酬福利体系，能够有效吸引人才，激励员工。一个科学合理且具有激励性与人文关怀的薪酬福利体系，可以起到很好的雇主品牌打造效果。大企业通常建立的是全面薪酬福利体系，尤其在福利体系上相较于中小企业会更加完善。但发展中的中小企业，虽然不能像大企业那般资金雄厚，但依然可以通过创新的激励手段和体系降低与大企业之间的物质条件差距。例如，在薪酬上，可以通过股权激励、

具有自己独特DNA（基因）的企业文化及价值观，更能够帮助企业树立鲜明的雇主品牌形象，吸引来与之相匹配的人才。一般知名企业或大型企业都有自己比较成熟的企业文化或价值观，有的甚至请专业机构专门提炼企业精神。而多数中小企业却把文化看作"奢侈品"，认为文化是企业发展到一定阶段之后的事情，其实不然。相较于大型企业，中小企业的经营管理机制比较灵活、结构扁平，人际关系比较简单，企业与雇员之间的信任机制和情感反而更容易建立，所以可以提炼出适合企业发展阶段的文化，将员工个人事业成就与企业发展相结合，激发人才对于企业使命和未来愿景的认同感。此外，通过对比最佳雇主的优秀标杆企业，我们发现：若企业能够建立起平等尊重、学习分享以及持续改进的企业文化，那么其在吸引员工上的竞争力也会有明显增强。

产品品牌影响力，如前文所述，是可以正向帮助雇主品牌建设的。产品品牌的知名度与美誉度可以通过在消费者群体中的影响力，从侧面激发潜在应聘者及公司员工的自豪感和认同感，从而加强这一群体对雇主品牌的信任度。因此，通过打造产品品牌，既可以有利于产品的市场和销售，又能对雇主品牌的建立有促进作用。而且，由于产品品牌对企业的销售情况会有比较直接的影响，所以一般情况下，相较于雇主品牌，企业决策层也更容易对产品品牌

分红制度、合伙人机制来吸引和留住优秀人才，通过企业未来发展的可能性来吸引潜在雇员。在福利上，虽然中小企业无法与大公司的企业年金或完善的保险政策相竞争，但可以通过灵活的在家办公制度、弹性工作时间等，来吸引一些工作能力强但在某个时间段有照顾家庭（老人或孩子）需要的优秀骨干。

晋升与发展空间，学习与培训机会，都是帮助企业建立良好雇主品牌形象不可或缺的软实力。企业是否设有体系化的培训机制？对于员工的未来，是否有职业规划和发展空间？这些都是年轻人（尤其对于刚从大学校园走出的应届毕业生）在选择就业时，非常看重的雇主特质。

优秀员工都是不断成长发展的，因此在不同阶段其对个人发展的期待也必然不同。企业满足员工个人发展的需求、帮助员工成功，不但可以提升员工工作能力，大幅提高内部员工的满意度，还可以通过员工对企业内部美誉度的口碑宣传作用来影响外部目标人才对企业的认识与看法。这就要求企业在观念上不要把学习培训当作一种成本性支出，而应当作一种战略性投资。

为员工制订职业生涯发展规划，不仅可以从机制上引导员工朝着组织需要的方向成长，还能提高员工在企业内部的归属感，避免企业“为他人做嫁衣”，刚培养成为能独立开展工作的人就因为发展受限而跳槽去其他企业是非常可惜的人才浪费。

总之，若要建立全面雇主品牌，雇主需要做的就是将员工放在管理的中心地位，以人为本，关注员工的需求，建立正向的企业文化；通过机制的建立和制度保障，满足员工精神和物质双重需求；激发雇员的工作热情，培养员工自主自发的工作意识，实现员工的成长与发展。

小结

雇主品牌的打造，可以提升公司品牌形象，为企业在激烈的人才竞争市场上赢得优势地位与溢价空间。同时，降低人才不匹配、不稳定的风险，与企业品牌和产品品牌形成积极互动，增强企业的综合竞争优势。但企业要想建立良好的雇主品牌，要转变意识，做好长期攻坚、持续努力的各种准备。不论企业发展处于何种阶段，都应该重视这个在人才争夺战中越发重要的隐性因素，上至企业高层，下至各部门员工，都要对塑造雇主品牌重视起来，这绝不仅仅是招聘的事情，也不可能仅靠人力资源部门一己之力就可以做好的，还需要与相关部门共同协作，才能在日益激烈的人才争夺战中获得持久性的竞争优势。

做雇主品牌就是做人力资源口碑

喻德武 | 企业管理顾问，人力资源专家，曾担任多家知名企业人力资源总监，著有《互联网+人力资源管理新模式》等

"既然是雇主品牌，
关我雇员什么事？"
这样就会把雇员阻止在外，
很难让雇员参与到雇主品牌建设中来。
那么问题来了：

雇主品牌只是雇主的事吗

雇主品牌，不仅仅与"雇主"有关

"雇主"是一个与"雇员、雇工"相对的概念，在中国人的文化心理中，"雇主"的叫法总给人一种地主老财周扒皮的感觉，很容易让人联想到雇员是被施舍甚至被剥削的一方。马云提出打造"幸福企业"的概念，就是对雇主品牌这个叫法很反感。

在知识经济和共享经济时代，组织越来越平台化和社群化，员工与组织之间不再是单纯的雇用关系，而是越来越呈现出一种联盟关系（合作、合伙），“雇主”的概念在逐渐弱化，“合伙人”的概念却在悄然兴起，从这个意义上来看，“雇主”所指的不再是老板个人或者极少数股东、投资人，而是组织里的一群人，是一个集体概念。

如果要展开讨论，首先要厘清企业品牌、雇主品牌和个人品牌的区别和联系，一般情形下，企业品牌知名，雇主品牌自然知名——当然也不全是这样，有些巨无霸型的企业名声在外，但雇主品牌却很低调，甚至绝大部分人都叫不出这个企业一把手的名字，更不知道这个雇主品牌管理有什么特色，不会像华为那样时不时地流出内部讲话或者推出新的人力资源管理举措。那美誉度呢？做出好产品的企业一般会有雇主品牌美誉度，因为这里面隐藏着一个假设，即：好产品是优秀的人干出来的，而优秀的人是企业吸引和聚集起来的，如果雇主品牌不好，优秀的人怎么愿意加入并留下来呢？当然，我们也应该看到，有些企业品牌知名度高，但是美誉度不佳，比如某企业过去曾有“血汗工厂”称号，还频繁上演过员工跳楼自杀等过激行为，这些现象对雇主品牌的美誉度伤害很大，也间接影响了人才加盟这家企业的意愿。

所以，知名企业的雇主品牌未必知名，也未必有美誉度，但反过来说，有知名度、美誉度的雇主品牌一定可以提升企业品牌形象。

这是其一。

其二，我们再来看看雇主品牌和个人品牌之间的关系。

先看员工个人对雇主品牌的影响，从组织的核心团队成员到员工个人，对雇主品牌的影响力依次减弱，但依然不可忽视普通雇员对雇主品牌的影响力，尤其在负面影响力方面。一段时间以来，苏宁 HR 在广东工业大学声称只招“985”和“211”学校毕业生的事件，小米员工在郑州大学校招针对日语专业学生应聘发表不当言论事件，以及美团招聘人员时声称不要黄泛区和东北人事件……这些都引起了很多人对相关企业的负面评价，所谓“好事不出门坏事传千里”，企业雇员的不当言行，会让公众对雇主品牌的良好印象大打折扣。

反过来，一个企业发生公众信任危机，同样会对雇员的职业发展甚至日常生活造成很大影响：

在脉脉的匿名区里，有人曾发布了一条信息：建行正在调整乐视员工的信用卡额度，不管用了多少年信用卡，无逾期，无不良信用记录，一并调整为 1 元。有认证为前乐视员工的回复道：“我在进入乐视前办的建行信用卡，都 9 年了，现在从乐视离职快一年了，信用卡也变成 1 元了，无语。”也有更多的乐视员工喊冤，认为自己是“躺着中枪”，公司资信与个人没有关系！但银行显然不这样想：如果一家公司连工资都发不出了，员工拿什么钱还信用卡？

所谓“城门失火，殃及池鱼”，负面缠身的企业不仅影响员工职业生涯发展，甚至影响到个人资信，可见雇主品牌美誉度有多重要！平时感受不到，一到关键时刻，就会显示出威力。

以上事例无一例外地说明：雇主品牌美誉度与个人品牌美誉度呈正相关关系，两者相辅相成。

在这些事件当中，给了我们什么启示呢？树立雇主品牌正面形象很重要！那么，企业应该怎样树立自己的雇主品牌正面形象呢？

首先，不过度营销。

打铁还须自身硬。会营销只能管一时，想做长久还得靠产品力，说到底，要靠一支优秀的队伍。

只有当潮水退去，才能看清楚究竟是谁在裸泳。一家企业究竟怎样，我们不能被其表面的虚荣和浮华所蒙蔽，也不能完全相信它的自我宣传和推广，而是要睁大双眼，仔细辨别。对于那种忽然之间冒出来的热门企业要特别小心，尤其是那种看上去很炫、不断兜售新概念却又没有实质业务的企业。人才竞争一直很激烈，很多公司为了抢人使出浑身解数，各种招人套路层出不穷，大玩文字游戏，比如“期权激励拿到手软”（希望能弥补你看到基本工资后的脚软）、“有活力的技术团队”（团队平均工作经验 <1 年）、“扁平化管理”（还没有招到老大，或者是办公室格局要扁平）、“大牛云集”（我司属牛的同事比较多）。

即便公司通过这些包装技巧把人“套”进来，但是当人家进入公司以后，发觉跟招聘时说的并不一致，立马会陷入深深的失望，觉得公司一点都不靠谱，甚至为此愤怒，找招聘经理算账，更有人为此闹到去仲裁，没有人希望看到这种结果。

其次，让众人说你好。

自己说自己好没有说服力，而且难逃自卖自夸的嫌疑，过去很多做雇主品牌宣传的都是使用往自己脸上贴金这个套路。

因为过去很多人对企业的了解渠道很有限，处于严重信息不对称状态，企业宣传推送的信息很容易让人接受，但现在情况不一样了，新媒体提供了众人发表和分享的平台，对于同一家企业，应聘者、在职员工、离职员工、合作伙伴、供应商都会对它做出评价或者体验描述（如 Glassdoor、Linkdin、看准网等），这样就产生了大量 UGC（用户产生内容），让人对一家企业的了解不再局限于接收单一的信息，而是能搜索到该企业更加丰富的内容，帮助使用者判断这究竟是不是一家好公司？

如果这个企业自己说得都很好，但是网上一片声讨，作为应聘者，就要引起特别注意。反过来，对人力资源管理者来说，要维护好雇主品牌声誉，对于不实的言辞或者情绪化表达，应该及时做好舆论澄清和引导工作。

最后，要找到三种人为你背书。

第一种人是人力资源顾问或专家，他会不厌其烦地把相关见解与朋友和客户分享，他们会在各种场合和媒介上介绍或者评价一家企业的雇主表现，他们往往充当着意见领袖的角色，影响人才的工作选择意愿。

第二种人是联系员，就是那种“认识了很多人的人”，这类人把朋友当作邮票一样地收集，随时与人保持联系，这个角色可以把信息

快速地散布出去。这种联系员一般会在员工(包括在职员工和离职员工)中产生，要善于寻找他们,并把这类联系员通过各种方式连接起来。

第三种人是推销员，就是那种“什么人都能够说服的人”，这种人没有很深的知识，但是有特殊的能力让见到面的人在短暂的时间就交付信任。这个角色能够把人力资源专家发现的东西与人们以简易的语言沟通，让大家了解和认识一家企业究竟如何。

如果找对了以上三种人，那就相当于提升了雇主品牌的知名度与美誉度。

怎样提升人力资源管理口碑

做雇主品牌的目的就是为了吸引人才，激发员工工作积极性，再说得大一点，是为了推广一个组织的文化理念，促进社会进步。

实质上，提升雇主品牌其实就是提升人力资源管理口碑。

那怎么提升人力资源管理口碑?说到底，对外，要吸引人才，靠的是雇主品牌知名度与美誉度；对内，要提升员工的自豪感、认同感与幸福指数。可以分三步走：

第一步，确定人力资源理念并实际奉行。

比如，不能把“以人为本、把人当人、尊重人”当成一句口号，而是要实际贯彻，在人员招聘、培训、绩效考核等管理活动中充分考虑，把员工的感受和体验放在第一位。绝不能把人当作机器和工具来役使，也不是纯粹地利用人，榨干人的体力和智力，一旦失去利用价值就抛弃掉。公司不轻易承诺，但一旦承诺将会全力以赴办到，因为诚信无价。同时，公司在开展商业活动中，反对采取任何不正当竞争手段，绝对不能违规、违法甚至犯罪，在内部管理上，按规则办事，有事摆在桌面上摊开来谈，反对拉帮结派，反对搞办公室政治，不玩“生态化反”这种似是而非的名词和噱头。守住诚信底线，不讲或者少讲情怀，不做任何不实的宣传，而是用真诚温暖员工，用以身作则、率先垂范带领员工!

第二步，持续给予员工发展和回报。

我曾向一位做PE(私募股权投资)的前辈请教他的投资逻辑，他告诉我，他的投资逻辑就是看重一家企业的内生性增长。而内生性增长的核心在人，主要体现在以下两点：

(1)团队要年富力强。团队成员要年轻，要有饿狼的劲头，要潜力大、后劲足，因为投资就是投未来嘛。

（2）老板要舍得分钱。说到底，钱给到位了，饿狼的动力和潜能才能被彻底激发出来。

从内部打破的是生命，从外部打破的是食物。

内生性增长的实质是个人与企业共同成长，不能剃头挑子一头热，只强调一点，只重视一处，否则这个事业就做不成。

没有好的回报，就不会有真正的认同感，说有那也是违心的。对员工来说，企业对他最好的认同就是良好的回报；对企业来说，员工对企业最好的认同，就是拼命工作、持续创造高绩效。

综合来说，就是企业要给每个员工提供上升通道和发展机会，摒弃企业和员工之间短期相互利用的关系，建立长期共同发展、共同成长、共享回报的理念和机制。

第三步，促进正向行为展现。

从高管带头，从我做起，无论在线上，还是在线下，都要做雇主品牌的代言人。号召每个员工在日常行为当中体现出专业和高素质，相信自己的产品和服务，对所在的企业有自豪感，敢于同有损雇主品牌的行为作斗争，敢于澄清不实传闻并据理力争。

面对客户、人才、合作伙伴与服务商时，体现出耐心、用心，表现出积极向上、奋发有为、团结一致的精神面貌，并为此经常受到客户的肯定和表扬。

做人力资源管理的可以有意识、有计划地收集一些雇主品牌的行为案例，整理形成案例库和故事集，为后来者做好价值指引与精神传承。

“心”招招出

企业要加强对招聘人员的选拔、培训和评价，在招募、选拔、管理和评估等招聘流程关键节点上，与其憋大招，不如出“心”招，采取一些走心、有效的策略和方法提升雇主品牌。

席志敏 | 广东省人力资源研究会生涯教育研究院专家顾问，深圳市生涯规划与发展协会创会理事，人才测评师，全球职业规划师

什么是雇主品牌

按照百度百科的解释，雇主品牌（The Employer Brand）是雇主和雇员之间被广泛传播到其他的利益相关人、更大范围的社会群体以及潜在雇员的一种情感关系，通过各种方式表明企业是最值得期望和尊重的雇主。雇主品牌旨在建立良好的雇主形象，提高雇主在人才市场的知名度与美誉度。

有人曾提出从“品”字的三个“口”说起，形象地理解雇主品牌。第一个“口”是雇主要说好，要找到自己企业的独特卖点以及对内部员工和外部人才的吸引点；第二个“口”是员工要说好，员工要体会到企业的好，并愿意介绍亲朋好友到公司来工作；第三个“口”是其他相关方要说好，包括应聘者、客户、合作伙伴等。

这第三个“口”，其实说的就是招聘和雇主品牌的关系，它们是相互给力的。

一方面，好雇主品牌是人力资源市场上的一面旗帜，不但能提高员工忠诚度，同时吸引外部人才。据 LinkedIn 领英调查：87% 的中国企业招聘负责人认为雇主品牌对招聘工作影响甚大。另一方面，招聘是提升雇主品牌建设的积极方式。我们知道，成功实施雇主品牌，需要不同部门紧密合作，共同推动品牌建设。而在招聘中，人力资源部是主力部门，招聘的全过程，很多涉及雇主品牌，从某个角度看，HR 是雇主品牌的代言人，招聘就是适度向应聘者推销企业雇主品牌的过程。HR 的有为之处，就在于在招聘流程的关键节点上，可以出大招，更可以出“心”招，采取一些走心、有效的策略和方法提升雇主品牌。

企业怎样通过招聘提升雇主品牌

那么，怎么通过招聘提升雇主品牌呢？

招聘管理包括招募、选拔、录用和评估四大阶段，每个阶段内容和侧重点不同，招募重在制订招聘计划、选择招聘渠道、发布招聘信息、组织应聘者申请等；选拔重在资格审查、初选、测试（心理测试、笔试、面试等）、体检以及背景调查等；录用重在做出录用决策、通知并欢迎新员工入职、辞谢淘汰者、进行上岗引导等；评估重在评估招聘的结果、方法以及新员工试用期表现等。

结合多年的招聘实践和观察，笔者认为，用心研究并对待以下招聘节点，势必带来雇主品牌的有效提升。

招募阶段

有人说，90 后已成为职场主流，95 后开始接管世界。关于 95 后的印象，大家常用这样的词描述：小鲜肉、死宅、脑洞大、自嗨、傲娇、段子手、萌萌哒、小清新、高冷、行走的表情包等。这是在互联网环境下成长起来的一代人，具有创造性思维和鲜明个性，QQ 浏览器大数据《95 后谜之就业观》的报告显示，只有 52% 的学生选择就业，48% 的学生选择不就业（选择学习深造、创业、间隔年、待业等）。校园招募需要理性对待，因人而异。

招聘渠道多元化。必须招聘网站、内部推荐结合，线上、线下双线会合，校园猎头、空中宣讲双管齐下。

招聘信息生动化。招聘信息要有趣、有颜值、有魔性，不管是图文还是 H5 或是 MV，最好让人“猝不及防”。

组织过程智能化。招聘组织的痛点在于流程长、爽约率高，如果在面试邀约、现场管理、面试结果反馈等过程中增加科技的因素，更为智能便捷，雇主品牌好评度将会飙升。

选拔阶段

面试官的专业化。面试官要做的核心工作就是对应聘者“辨真伪、见高下”。一个专业的面试官，可以迅速地从应聘者当中发现适合岗位的人才；一个水平平庸的面试官，很可能与千里马失之交臂。亿康先达合伙人费罗迪在《关键人才决策：如何成功搜猎高管》一书中说“最好的面试官对于人才的预测效度是最差的面试官的10倍”，可见专业度的重要性。

面试官的专业度，不仅体现在外在的职业形象，还体现在内在的专业质素。面试官的角色也是双重的，既是评价者又是企业形象代表；既在考察评判应聘者是否是本公司需要的人才，又担负着向应聘者传递企业文化和核心价值观的重任。面试官必须持有这样的理念，我面前的应聘者，可能会成为我所在企业的员工，即使不是，也可能会成为潜在的客户、合作伙伴甚至竞争对手。所以，我的言行很重要，给应聘者留下良好的印象，对推广提升雇主品牌尤为关键。

一个以尊重应聘者感受的面试全程可以是这样的：温暖的欢迎开场+专注高效的沟通+真诚的致谢收尾，高亲和力的面试官能迅速拉近双方距离，让应聘者自然表达；不仅自己问，也让应聘者提问；不仅听应聘者怎么说，而且看其肢体语言；用对方式，问对问题；压力问题委婉呈现；步步追问但不是步步进逼。始终记得，面试不是面死，要的是发现合适的人，对于不适合的人不必穷追猛打，因为对雇主品牌不利。

面试方式的定制化。根据招聘对象的不同，校招、社招、高端人才招聘的面试方式要有所区分。相对来说，校招的局限性较小，社招要考虑到应聘者的职场安全，尽量错开同一单位或有关联的应聘者的面试时间，避免缺乏私密性。高端人才的面试，尽量安排在中立地点，或者让牛人大咖自定，比如咖啡馆或者茶馆，放松的环境更容易展现真实的一面。总之，企业对应聘者的点滴用心，应聘者都能实实在在感受得到，这些感受将增加雇主品牌的黏附度。即使未能成为员工，也可能会转介人才，或者成为企业潜在的客户。

甄选手段的创新化。在校园招聘中，甄选方法基本定型，你会发现，面霸们开始出现了并崭露头角，于领导小组讨论中游刃有余、半结构化面试中滴水不漏，所谓“魔高一尺道高一丈”，面霸们的表现倒逼面试官火眼金睛现其原形，同时也倒逼甄选手段的创新，打破工具单一手段雷同的局面。目前，针对90后95后的游戏化、场景化、项目化的甄选手段应运而生，满足看重“体验、存在感、强连接、使命感”的新新人类“让我工作，让我先体验，让我先参与”的愿望，这些不仅改善了应聘者的体验，而且让招聘者看到应聘者全面而真实的表现，同时项目收益也对企业有所帮助，大大增强了雇主品牌的潮度。

背景调查的合法化。通过社会招聘的人才，只有得到应聘者的书面授权后，才能进行相关背景调查，切忌在应聘者不知情没离职的情况下，擅自采用360度调查，通过其上级、平级、下级等同事甚至客户、供应商、合作方了解应聘者，这些侵犯他人隐私、陷入法律纠纷的高危行为将直接抹黑雇主品牌。

录用阶段

火线抢人。人才的竞争日趋白热化，Offer（录用通知）的发放速度和方式充分体现了企业的诚意。笔者曾见过一个企业，在终面现场火线抢人，在了解到某位优秀的应聘者已经有2个offer后，CEO（首席执行官）当即拍板发放Offer，并让HRD（人力资源主管）马上深入了解应聘者的选择顾虑，最终应聘者被企业的雷厉风行和诚恳友好打动，很快入职。

辞谢得体。很多企业只注重是否招到合适的人才，而忽视了对不适合人才的信息反馈，通常的理由是工作忙且没必要，却看不到反馈的价值。反馈是对人才的尊重，可以电话、短信或者E-mail，感谢人才的参与、肯定其优点、解释未被录用的原因、表达后续合作的愿望，这样的“辞谢”能给人才带来正面积极的应聘体验，也是让雇主品牌暖起来的方式。

评估阶段

试用期维稳。企业通常重视招聘结果和方法的评估和改善，却疏于对招聘人员的评估和新员工试用期表现跟进，这会导致人才的流失。试用期的维稳，关键在于关怀，用心了解新人的感受和需求，协助新人尽快适应职场和企业，有效的方式是导师制和职业生涯管理，建立生涯发展档案，开展相关生涯培训和一对一生涯咨询，帮助其清晰职业目标，找到企业内部的职业发展通道，提供轮岗机会等，让新人尽快有归属感、家园感就是最好的雇主品牌宣传。

值得关注的是，鲜有企业思考和重视招聘人员的评估。

作为资深面试官，在每年过千人的面试里，笔者看到，招聘的成败关键在于人，对雇主品牌的损益还是人，因此，呼吁企业要加强对招聘者尤其是面试官的选拔、培训和评价，建立一套包含制度、方法和流程的体系。

具体可以拆解成三个层面。

选拔层面：谁都可以当面试官吗？什么人胜任面试官？面试官的胜任力模型是什么？

当然，不是人人都可以当面试官，但不可否认，企业面试官队伍中不乏临时被抓差的，主要来自业务部门和用人部门，部分人员缺乏应有的面试技巧和识人技巧，仓促上阵，表现凌乱，一定程度上影响了雇主品牌。目前，关于面试官的胜任力模型研究较少，就有限的资料情况看，笔者比较认同面试官主要由知识、技能、能力、素质四个维度十多项胜任力构成：知识维度由人力资源管理知识、管理学知识、企业基本信息知识、岗位信息知识构成；技能维度由Office办公软件、人员素质测评、面试技巧构成；能力维度由沟通协调、表达能力、分析判断、学习能力构成；素质维度由稳重与亲和力、倾听与反应、敬业精神构成。笔者需要补充和强调的是，高水平的面试官具有进行一次完美评估的内驱力。

培训层面：面试官需要具备什么知识和技能呢？

根据面试官胜任力素质模型，对准入者，尤其是用人部门的面试官要进行相关的知识和技能培训，包括面试流程设计和面试布局、面试方法和技巧、模拟面试及点评、面试笔记和面试评语撰写、应聘体验和雇主品牌融入之道等。

评价层面：为什么要评价面试官？谁来评价面试官？从哪些维度评价？

面试官作为招聘工作的重要人员，其个人素质直接关乎企业的形象和雇主品牌。面试就是面试官与应聘者的互动过程，面试官对应聘者的印象形成、能力评估和分数评定等都在这个过程中完成，同时，应聘者也通过面试官进一步了解公司的企业文化以及应聘岗位的相关信息，并最终决定是否要加入所应聘的公司。因此，面试官的水平发挥直接影响着招聘工作的成功与否，面试官的好坏直接影响着人才的引进和企业的长远发展。对面试官进行考核和评价，可以整体提高面试官的素质，激励优秀者更优秀，增加雇主品牌的美誉度。评价人员可以是来自企业内部部门甚至是外部应聘者，评价维度包括但不限于职业形象、面试态度、专业度等。

Salary and Performance

3 薪酬绩效

薪酬管理，岗位、绩效和能力

SALARY MANAGEMENT, POSITION, PERFORMANCE AND ABILITY

薪酬与绩效管理这个世界性的难题，让这位人力资源管理者朋友愁容满面，与星巴克的优雅与舒缓格格不入。

刘惊涛 | 同君商学院副院长，同策咨询总经理，战略管理专家

“为什么这家子公司的前任总经理年薪要比我高 30 万元，为什么他调任到规模更小的子公司后薪酬依然保持不变？公司的薪酬到底是因岗而定还是因人而定？” “从价值贡献角度而言（绩效成果），我目前负责的这家公司的产出难道比前任调过去的更小规模子公司还要低？”

丽的西子湖畔，轻盈优雅的音乐回响在星巴克里，座位对面是某家集团公司的人力资源总监，正在诉说着他最近所面临的一件烦心事。集团下属子公司总经理轮岗，一位总经理对他的薪酬非常不满，一直在追着他要一个说法：

这位人力资源总监面临的难题就是企业为什么付薪，以及如何付薪才能激发人的活力，即薪酬管理的问题。一般情况下企业从三个角度来衡量如何为员工付薪：一是为岗位付薪；二是为绩效付薪；三是为能力付薪。大部分的企业薪酬设计都是分为固定工资和绩效奖金两个部分，其中固定工资在很多公司又称为岗位工资，由于《中华人民共和国劳动合同法》有同岗同薪的规定，岗位工资不能区别性对待，因此绝大多数公司通过绩效奖金为工作绩效付薪。

为岗位付薪比较容易理解，在人才市场的招聘会上走一圈，不难发现每家公司会按照招聘对象以营销、技术、生产、供应、财务、人资等不同的岗位进行划分，不同的职类薪酬存在较大的差异，除营销岗位的特殊计件计薪方式外，其他岗位都有一个相对较为固定的薪酬标准，求职者的薪酬预期大幅度高于或者是低于公司界定的薪酬范围，被录用的可能性就不大，这是企业为岗位付薪的基本表现。岗位薪酬听起来比较简单，但是在中大型企业中，其体系设计起来也是比较复杂的，我们以 15 级 5 档薪资体系为例，如表 1 所示。

表 1　　15 级 5 档薪资体系

薪级	薪档				
	1 档	2 档	3 档	4 档	5 档
15 级	30000	—	—	—	50000
14 级	18000	—	—	—	30000
13 级	10400	—	—	—	18000
12 级	8800	—	—	—	10400
11 级	7600	—	—	—	8800
10 级	6800	—	—	—	7600
9 级	6000	—	—	—	6800
8 级	5400	—	—	—	6000
7 级	4800	—	—	—	5400
6 级	4200	—	—	—	4800
5 级	3800	—	—	—	4200
4 级	3400	—	—	—	3800
3 级	3200	—	—	—	3400
2 级	3000	—	—	—	3200
1 级	2500	—	—	—	3000

在同步设置任职资格的情况下，我们需要将薪酬等级对应到相应的职级当中去，在没有任职资格体系建设的应用中，我们需要将不同的职类所涉及的薪酬对应薪级进行相应的匹配，结合公司现有薪酬定位的情况，以任职资格体系的思维去进行界定。任职资格体系示例如表 2 所示。

表 2　　任职资格体系示例

职层	职级	管理	技术	职能	营销类	作业类
核心层	15					
	14					
	13					
	12					
中坚层	11					
	10					
	9					
	8					
骨干层	7					
	6					
	5					
	4					
基础层	3					
	2					
	1					

为绩效付薪的方式也非常普遍，大部分企业都会采用绩效奖金的模式，但是由于涉及不同的职类，考核的内容差异性较大，这里就不再详细赘述。

经常被忽视的是为能力付薪，这一点在很多企业存在着认识的误区和盲点，有些做薪酬的同行问我，我们生产工人做得多就拿得多，销售人员卖得多就拿得多，这算不算是为能力付薪呢？答案当然是肯定的，但是企业里很多岗位，例如采购、财务、人资等岗位甚至包括总经理，有的无法直接用量化的数据考核，有的不能单纯以量化数据考核，如何为这类岗位的能力付薪，是薪酬管理者面临的重大挑战。

能力的描述，通常采用冰山模型的方法，显性的知识、过往任职履历、工作成绩、隐性的角色定位、动机等大部分负责招聘的同行运用得较为熟练，在能力考核上除非应聘者或者是候选人有着非常显著的性格表征，否则这点通常会被大部分的考核者忽视，而这种忽视性格特质选拔候选人的方法很容易在后期的团队性格配型上出现问题。我们看看前面那位人力资源总监所描述的总经理，在对于工资的诉求和不满当中，咄咄逼人的语气和诉求方式，用 DISC（支配性、影响性、稳定性、服从性）性格特质模型去分析，D 型性格特质作为主要的表现方式，对于选择他接任规模较大公司的总经理，管理层在薪酬上需要做一些妥协，一是明确告诉他对其薪酬界定的原因，二是需要对他现有界定的薪酬在一个财年后做一定幅度的提升，相应对其能力进行肯定，消除他在调岗后因薪酬界定所产生的负面情绪。

如何付薪也是挑战人力资源智慧的一项重要挑战工作。薪酬管理有一个很有意思的故事，一个驯猴人给猴子分桃子的故事：每天只有九个桃子，早中晚各三个，猴子不满，觉得劳累了一天，晚上只给吃三个桃子太少；驯猴人改成早四晚五，中午没桃子吃，猴子勃然大怒，下午群体罢工，因为劳累了一个上午，中午没桃子吃；

驯猴人于是改为早二中三晚四，猴子满意了，认为桃子越分越多，与自己每天的付出越来越多是成正比的。故事里的猴子是一群傻猴子，没有数学的概念，现实管理中管理者对于薪酬总额能够明确地进行计算，这个故事只是告诉我们在薪酬设计的过程中，一定要将薪酬和绩效进行有机结合，与员工的贡献进行有效链接，避免做多做少一个样、做好做坏一个样的大锅饭现象。很多企业在设计薪酬结构的时候，会设计权重较小的一块工龄工资，工龄工资的本质到底是什么？ HR 一定要清楚工龄工资的本质是长期薪酬，长期薪酬是对未来的一种期许，如果在一家企业里感觉没有奔头，员工很容易产生职业倦怠，进而演变成人浮于事或者是人才流失率居高不下的两种现象。在薪酬设计上，要注重短期薪酬与长期薪酬的有机结合，同时找到一个最佳的权重结合点，股权激励、虚拟股权等这些激励模式正在被越来越多的企业采纳。

笔者曾经到一家人才“引不进、留不住、用不好”的企业去做辅导，访谈到一位引进四个月的情报与信息专家时，该员工表示现在的工作很难开展下去，在追问问题的过程中，该员工表示公司需要做情报与信息系统，一方面除了自己之外，再也不肯投入其他任何的人力和资金成本，另一方面公司对情报和信息系统的建立又催得很急，入职 4 个月，不仅人力资源主管部门找他谈了两次话，老板都亲自找他谈了一次话，认为工作开展缓慢，进而对其工作能力提出很大的质疑，等到项目结案的时候，该员工已经离开了公司。从薪酬角度去分析这位业务专家离开的原因，薪酬不仅仅是支付给员工的直接薪酬，还包括给予员工工作开展所必需具备的资源、对其工作开展提供的支持、工作开展的环境等间接薪酬，间接薪酬的不到位，是导致人才引不进、留不住、用不好的主要原因。

直接薪酬的管理，在大的操作层面，要外具竞争力、内具公平性。而对于员工而言，不同的员工对于公平的理解并不一样，公平感比公平性更加重要。

例如，两位同时入职的非计件制财务管理人员，两年后两人都做成本管理会计，人力资源师根据能力和业绩为其中一位员工定月薪 8000 元，另一位员工定月薪 7000 元，但两位员工都不满意。第一位员工认为“我个人的业务能力、管理的业务范畴与第二位员工相比，他拿 7000 元，我起码应该拿 10000 元”，而第二位员工则想“我们做的工作是一样的，凭什么他拿 8000 元，而我只拿 7000 元”。两位员工的薪酬，在同行业中都具有很强的竞争力，但是因为没有内部保密，导致两人进行横向比较的时候，失去了公平感，高的薪酬并没有对两位员工产生激励作用，反而因为操作不当形成了负激励。所以，在薪酬管理过程中，一定要做好薪酬的内部保密性。

薪酬管理的方法，不同企业有不同的管理方式，并没有一成不变的最佳模式，而只有适用与不适用的区分，只有适合自己公司的才是最好的管理方式。同时，薪酬管理也没有严格的边界，受很多的变量因素影响，无法界定严格的量化边界，导致薪酬管理具有很强的艺术性。在实施薪酬管理的过程中，要结合管理对象的变量因素，有效地进行调整，发挥薪酬的激励性，激发员工的活力，才是 HR 需要解决的核心问题。

员工考评 怎样区分三六九等

每当对员工进行绩效评估和强制区分时，总会让一些主管感到头疼。如果对下属一律评为“良好”，要么无法向上提交（有的公司考核系统已设定强制分配比例且难以更改），要么被冠上“打分趋中，搞平均主义”的名义退回，要求重新打分。

喻德武 | 能源公司人力资源总监，从事企业管理顾问和HR多年，著有《绩效管理顶层设计》《互联网+人力资源管理新模式》

所以，主管们必须硬着头皮对员工进行考评和区分，但是又确实会遇到这种情况：下属一贯表现良好，也完成了各自的工作任务。但由于其工作内容各不相同，缺乏统一的量化衡量标准，又很难进行横向比较，所以只能依靠主观评价进行排名或区分，比如工作态度和日常行为表现等，这就很难避免人为偏好因素的影响。所以硬要在十名属下当中找出两名不合格的来，实在是勉为其难。

“八仙过海”背后的困境

遇到以上这种情况怎么办？为了达到考核规定的名额要求，很多主管绞尽脑汁，终于想到一些办法来充名额。

第一种，为凑名额不惜弄虚作假。主管随时了解下属动向，看看部门里面有没有人想离职的？如果有，不管是否应该留下对方，刚好可以把淘汰的名额安在对方身上，也权当是给团队做贡献吧。如果没有，那就在开会时跟下属再三暗示：“现在考核很严厉，觉得干不下去的，或者有更好选择的，可以提前谋出路。”更有甚者，为了凑够不合格的名额，有部门负责人将已经离职的员工的名字拉进来凑数（据说在通用电气就发生过）。

第二种，雨露均沾、轮流坐“庄”。去年是张三得A（优秀），今年就是李四得A；去年是王二得C（不合格），对不起，今年该刘五得C了。别怪哥下手狠，怪只怪这可恶的考核制度和不讲情面的人力资源部，我也是没有办法才出此下策。

第三种，用“民主”名义假公济私。这一招也很厉害，最常用的台词是：“我一向很民主，你干得怎么样，我说了不算，相信群众的眼睛是雪亮的。”然后召集团队成员一起讨论，或者干脆采取投票的方式，凭借一种类似集体歧视的方法，将那些与同事关系不睦、领导不喜欢的人排挤出团队。

第四种，不会哭的孩子要吃亏。俗话说“会哭的孩子有奶吃”，关键就在于这个“会哭”。光说你干得好不行，你得拿出材料证明你干得好才行。有人把这种方法叫作自我举证，据说华为针对一些难以量化的工作考核就是这么干的。所以他们的员工必须掌握PPT汇报技能——干得好也要汇报得好。至于有没有“以客户为中心”不知道，但有没有“对上负责”很快就能看出来，员工的去留有时完全取决于上司的一念之间。

第五种，看谁倒霉。谁干得不好实在找不出来，那就抓阄，谁抓到算谁倒霉——当然这种做法是玩笑，但谁又能排除没有现实的翻版呢？

于是，确定不合格人员名额，成了公司与部门负责人、人力资源部门与其他部门、主管与员工之间一轮又一轮的博弈，其本质上就是为了“过关”——过上司的关，过考核部门的关，过公司硬性规定的关。并不能体现强制分布法的真正用意，与考核目的也背道而驰。

为什么要搞强制区分？说到底，就是让“能者上、平者让、庸者下”，保持企业的“活力曲线”。出发点是好的，但在实施过程中往往会遭遇很多现实困境——知和行的脱节，这就势必造成“上有政策、下有对策”的结果。所以，从这一点来看，也怪不得各级主管，因为他们是在规则内行事。

实际上，无论是谁，涉及对人的评价和区分，无论是态度上还是道德上，无论是能力上还是绩效上，要做出明确的区分，难度都很大。

一旦操作不当，就会引起无休止的争议。

这种强制区分的矛盾心理集中体现在各级主管身上。首先，他们会遭遇立场上的困境，既不能损害公司的集体利益，又要维护好部门的局部利益，还要兼顾到员工的个人利益，想要各方面都照顾到非常困难；其次，他们会遇到情感上的困境，需要下属平时用心工作，免不了多加关怀，但是在关键时刻却又不得不“忍痛割爱”，很难下得了这个决心；最后，他们会面临缺乏工具的困境，主管对员工的考核缺乏令人信服的绩效衡量标准，缺乏客观有力的证据呈现，只能以态度差或办事不力为由加以贬斥、扣分直至评为不合格。

于是，我们看到很多公司出现这样一种奇观：为了凑考评名额，大家都在想尽办法钻规则的空子。

强制区分的存废之争

考核要不要强制区分，其实一直存在两种声音。

一种当然是要强制区分。这一点在企业管理层当中表现明显，他们往往担心“吃大锅饭”的问题——如果考核没有区分，如何知道哪个干得好哪个干得差？这对于干得好的、能力强的员工明显是一种负激励，而能力差的员工则可以滥竽充数、高枕无忧地混日子。

做主管的如果都想做好人，那谁来做恶人？只有考评没有强制区分就等于走走形式，相当于卸下了主管头上的紧箍咒，让其对下属放松监管甚至随心所欲，导致组织人员机构臃肿、绩效不彰。

他们认为，或许这种强制区分方法不甚合理，但谁又能找到十全十美的考核方法？况且，这个世界上原本就没有绝对的公平，更不可能存在一套完美的考评方法。如果存在个别的不公平现象，那也是事出有因，要么是个人利益服从集体利益，要么是个人不适应请另谋出路。

管理层有管理层的难处，我们再回归到强制分布法本身，如前文所述，按照杰克·韦尔奇在GE（通用电气）推行的理念，就是保持企业的"活力曲线"。其实，这里面隐藏着两个假设。

一个假设是正态分布，也就是干得非常好的和非常差的比例都极少，位于正态分布曲线的两边，干得一般的占绝大多数，位于正态分布曲线的中间区域。

另一个假设是通过制造内部区别实现内外部流动。组织就像一个肌体，它想获得成长，就需要新陈代谢——将一些无用或者老化的物质代谢出去，将一些优质的能量补充进来。但是通过人为制造差别来实现这一目标未必能达到预期，很多时候甚至是"拔苗助长"。员工绩效不彰除了自身的原因，也有可能是用人不当造成的。如果一个公司的氛围积极向上、工作节奏紧张，不适应这种环境和工作节奏的人自然会流失，不需要过多的人为考核去干涉。

另一种是不强制区分，其理由是：强制区分成了政治博弈的工具，比如用作淘汰人员的撒手锏，会令企业员工人人自危，反而加深了员工之间的隔阂，导致团队不和谐，发生"各人自扫门前雪"的现象，所以要废除强制区分这种做法。

既然不强制区分，其替代品之一是"企业文化"，即在内部倡导一种积极向上、和和气气的团队氛围，总结起来，就是一起工作、一起合作、一起发财、一起实现目标。

不区分的替代品之二是"机制创新"，比如通过内部创业、员工持股计划、长期激励等方面的一系列的改革，达到一种"谁贡献多，谁获益大"的理想状态。

怎样区分才合理

强制分布也称为"硬性分配法""高斯分布"，该方法来自于正态分布原理，即俗称的"中间大、两头小"的分布规律。

在相同条件下随机地对某一测试对象进行多次测试时，测得的数值在一定范围内波动，其中，接近平均值的数值占多数，大于和小于平均值的频率近乎一样，远离平均值的占少数。这种分布规律称为正态分布，用曲线表示出来就称为正态分布曲线，呈现出左右对称的特点。在考核上，预先确定评价等级以及各等级在总数中所占的百分比，然后按照被考核者绩效的优劣程度将其列入其中某一等级，即为强制分布考核。

但是，这个世界有很多地方不符合这种分布情况，比如某个事件的热度，可能会迅速上升，然后缓慢降低热度。

德鲁克在《管理：使命、责任、实务》一书中指出：社会现象不服从自然界中的"正态分布"，而几乎总是按指数方式分布——典型的曲线是双曲线形式。

早在19世纪，帕累托在研究财富分布时，就发现了财富分布遵循幂律分布，其特点是少数人垄断了大部分财富，即我们经常所说的二八定律，这就涉及接下来要说的幂律分布。

幂律分布，即个体的规模和其名次之间存在着幂次方的反比关系。类似如马太效应、长尾理论、帕累托法则，原理差不多，其应用场景除了"长尾理论"之外也大同小异。

近些年，以美国Ernest O' Boyle（厄内斯特·奥伯伊尔）和Herman Aguinis（赫尔曼·阿吉斯）为首的研究团队进行了许多研究。两位学者采用客观绩效进行分析，他们分析了包括63万个样本的数据库，职业涵盖研究者、音乐家、政治家、运动员等多个职业。结果发现：

当用客观绩效时，绩效呈现出大部分人低绩效、少部分人高绩效的特征，符合幂律分布。

而传统绩效考核结果中的正态分布其实是由于主管主观打分造成的假象，为了避免造成绩效评估过于宽松或者过于严格，主管往往都会平均化地打分，人为制造了绩效的平均化。

在《从0到1》这本书中有这样一个观点："最重要的事情都是独一无二的，一个市场可能会胜过其他所有市场。时机和决策也要遵循幂次法则，某些关键时刻远比其他任何时刻重要。"

无独有偶，李开复在一次专题演讲中认为，创业人才也符合幂律分布，他说："人才其实也非常符合 Power Law（幂法则）。我们在学校里面老师还是把我们分成了 ABCDEF，100 分、90 分、50 分，但是我们如果真的接触过最顶尖的人才，就像你们在座的每一位最棒的创业者，或者你们公司最棒的工程师，或者你们公司最棒的产品经理，或者是业界最棒的投资人，这些人绝对符合 Power Law 而不符合 Normal Distribution（正态分布）。也就是说，最棒的工程师的价值是左边的无限大，一个普通工程师跟他是不能相比的。有时候我们会因为一些传统的东西而看不清现实。我在十年前就说过，一个普通的工人跟顶尖的工人不会相差太多，但与一个工程师的差别则是巨大的。"

近些年，越来越多的大公司（如 GE、微软）开始放弃以人才正态分布为假设的绩效考评系统。

根据以上这些材料，需要总结的一点是，企业的知识工作者越多，其人才越遵循幂律分布法则，一两个超级明星员工所创造的价值超过一百个以上普通员工所创造的价值。

绩效考评一定要区分，但应该按照一定的逻辑区分，而且要根据企业的战略、业务和人才的变化，进行动态化的调整，而不是笼统地搞"一刀切"或者生搬硬套地往一种方法上靠。

这就需要 HR 非常清楚企业的业务和组织形态，非常清楚公司的人才结构和市场稀缺的岗位。一个优秀的 HR，不仅要看一个笼统的比例（优秀的或者不合格的），还要仔细拨开里面看具体的结构，比如整体绩效不合格的人员先设想占 5%，然后拨开去看研发、销售、专业、辅助等不同类型的岗位人员，是不是符合先前的预判，有些岗位的人员可能会大于 5%，有些稀缺性的岗位人员可能一个都没有。

其实，无论是强制分布也好，还是幂律分布也罢，脱离公司业务性质和人才构成现状，进行简单生硬的套用，都会犯本本主义的错误。有的可能符合强制分布，有的可能符合幂律分布，有的可能两者都沾一点边，但并不完全符合，因为这里有一个前提条件——存在统一的、客观的绩效衡量标准。

总之，具体问题具体分析，而不是什么都要走套路，结果被自己给玩死，那就是得不偿失、不知变通了。

快乐绩效，从心出发

绩效管理是企业一个古老而永恒的话题，无数企业对其“亦爱亦恨”。

陈仕恭 | 中国管理科学研究院学术委员会特约研究员，卫信康医药集团人力资源总监

“爱”

因为是企业战略管理实施落地的保障，在许多成功企业中有神奇的传说；“恨”是因为公司实施绩效管理后成效不大，引来一片质疑与争议，最终欲罢不能地成为企业决策者、业务部门、人力资源部门心中的痛。争议声中有责任不清的问题、有工具不好的问题、有人力资源执行不力的问题……无论“爱与恨”都是对绩效管理的一种误解。因为绩效管理是企业管理的常态，就如生活，快乐与否，源自于“心”，绩效管理从“心”（员工需求）出发就充满了快乐！

重人“心”

“尊重每一位员工”是沃尔玛创始人山姆·沃尔顿的座右铭。

他总结的企业成功的十大法则有七条涉及员工，特别是凡事与员工沟通，倾听员工意见等充分体现了以“人”为本的经营原则。沃尔玛不仅成为世界零售业的巨头，而且从 2012 年到 2017 年连续 5 年稳坐世界 500 强企业之首。沟通与倾听是员工被尊重的最基本需求，也是绩效管理成功的基石，更是绩效协议签订前企业管理者的必修课。

重人“心”就必须打破传统的权威与行政命令，管理者就绩效目标与员工进行充分的沟通，让员工认可绩效目标。特别是 90 后以后的新生代员工，他们除了拥有较强的自我实现愿望以外，还有较强的话语权不可忽视。否则，员工没有参与或认可绩效协议将成为绩效开展的障碍，绩效就会输在没有充分沟通的起跑线上。

实践中一些企业绩效协议的沟通是一种告知而缺少倾听，并将绩效协议视为一个“筐”，“萝卜”“白菜”全都装是一些企业绩效管理不重人心的常见表现。人非“圣贤”，怎么可能样样都百分之百完成，成为万能的神，有的企业绩效承诺多达几十项让人生畏。于是员工人心还没有燃起希望，

就开始绝望。重人“心”的做法是要尊重员工的岗位价值，指标要挖掘的是价值创造，所以不在于多，而在于精，以客观而非感性的方法确定员工绩效目标，让员工通过协议的签订，找到自己在组织中的价值。只有充分体现员工价值的绩效目标，才能触动员工的心，这是在绩效管理中重人“心”的重要举措。

管理大师德鲁克曾在《他们不是雇员，他们是人》一文中提道：“对于任何组织而言，伟大的关键在于挖掘人的潜能并花时间开发潜能。如果失去了对人的尊重，这里的开发潜能很可能被理解成仅仅为了组织的绩效而把人视为使用的工具。只有恢复对人的尊重，才可能真正把人的才能释放出来。”绩效协议的充分沟通、认可是对员工尊重的具体体现，员工了解、认可才能有兴趣用心参与绩效管理，发挥出自己的潜能。没有沟通，绩效就会失去人心，员工就会缺少完成绩效的意愿，沟通、倾听是快乐绩效的重要因素之一。

得人“心”

接触多数企业绩效主管领导问绩效管理的目的是什么？

80% 的负责人告诉我是为了实现企业的经营目标，有的甚至说是为了考核发奖金等诸多答案，不一一列举。绩效管理的本源究竟是什么？这是一个需要追溯的问题，企业是为了实现目标，但实现目标的主体是员工，若只关注企业需要什么，不关注员工需要什么，这就是管理失衡。所以，不能仅从企业角度讲需要什么，还必须关注员工需要什么，这是一个合作与双赢的时代，得人“心”才能得到企业所需。

多数企业管理者擅长业务而疏于人心（员工个人所需）的发现，除了对于绩效目标有一个充分的沟通，更重要的是员工个人所需是什么？作为企业管理者需要清楚地了解员工个人所需。随着时代的进步，员工个人需求呈现个性化和多样化，只有将企业目标与员工个人需求相结合，两者合二为一，才能避免绩效承诺变成一纸空文。否则，绩效管理目标就会成为企业单方意愿，而非双方共同的绩效目标。工具、方法、人力资源责任有“罪”论等不过是对绩效管理误解后执行过程中的替罪羊而已，实际是企业绩效管理不得人“心”的结果。企业目标必须带动员工所需并满足员工的需求，员工才会投入热情，企业目标与员工目标双轮驱动才能确保绩效管理结果，真正实现企业、员工共赢。

员工所需就是管理者需要做好价值互换。对于企业而言，是实现经营目标；对于员工而言，实自我实现。目前，90 后、00 后等新生代员工已经成为企业经营的生力军，他们的成长环境导致主流价值观需要的是尊重与自我实现。按传统的绩效激励将标准工资划分出考核单元，再加上培训或制订出单笔绩效奖金等相关传统的激励模式随着时代发展即将成为末日，绩效激励机制必须与时俱进。企业明确经营目标时，管理者需要列出员工心中自我实现的需求清单，从而进行价值互换，将会是未来绩效管理发展的趋势。也是得人“心”的一种具体行为，做到目标一致绩效管理的两个主体企业与员工，各取所需才能达成默契形成“上下同欲者胜”的绩效管理模式。

华为每年拿出当期利润 25% 给予股东分红，而另外 75% 作为奖金分享给当期绩效价值创造者是得人“心”之举。让每一个员工知道为企业做出了贡献，都能分享到公司的经营利润，而非传统的基本工资，很多成功的优秀企业都推出企业合伙人机制，让员工充分实现自我价值，从而促进企业发展。

美国心理学家弗雷德里克•赫茨伯格（Fredrick Herzberg）提出的双因素理论，给员工富有挑战性的工作机会、让员工工作取得成就、才能得到赏识、增加工作责任的负担、获得成长和发展的机会等，都会是员工内心除了钱以外的深层次需求。得克萨斯州的环境服务公司 Effective Environmental 对员工实行带薪家庭假期，并进行其他较优厚的福利计划，更好地满足了员工需求并激励了员工，还吸引人才的加盟。

绩效管理需要建立一种价值激励机制，员工通过付出完成企业目标的同时，员工个人所需股权、分红或尊重、肯定等其他激励因素也得到满足。企业目标与员工需求两者融为一体，才能将员工从要我做变成我要做，只有得到员工认可、满足员工价值所需是得人“心”的根本，也是绩效成功的关键，更是员工在工作中获取快乐的重要条件。

助人“心”

管理大师德鲁克说：“管理者的本质贡献在于帮助下属成功。”绩效协议的执行，管理者作为企业代表需要与员工进行互动，即帮助员工实现自己的目标是管理者的责任。

只有做到为了员工实现目标真诚地帮助员工，让员工在完成绩效中感动，员工的绩效体验才会充满快乐。而只有快乐的事情，员工才有原动力去努力，进行自我管理。所以，伟大的企业不是规章制度有多么健全与完善，政策与方法有多么高明，而是有多少行为能感动自己的员工，抓住人心，员工才愿意为了企业的目标拼搏，因为员工知道企业的目标也是自己价值的体现，更是自己目标实现的载体。

一些企业在绩效管理中缺少有效的互动，总是最后对员工进行负激励，形成秋后算账较为紧张而对立的局面。有的管理者怕激化矛盾，便故意回避员工的日常绩效行为，最终成为绩效形式主义，绩效管理与业务形成天地之间的距离。最后在员工心目中将绩效管理等同于考核，绩效管理也就沦为员工心目中一种追责、扣钱的手段。

获得了国际教练联合会总裁奖的约翰·惠特默（John Whitmore）提出：“辅导就是激发人的潜力并使其绩效最大化。辅导是帮助人们学习，而不是教育他们。”世界500强企业IBM的绩效辅导更是贯穿整个考核周期，让企业的绩效管理充满了生机与活力，成长是绩效激励员工最重要的方式，是绩效快乐的元素，在绩效中成长让绩效管理不再是对立、官僚和博弈。

在绩效管理实施过程中，管理者需要帮助员工3个方面：

1. 为员工提供实现目标的基本工作条件；
2. 为员工提供实现目标的知识、方法与工具；
3. 不断肯定员工的行为，让员工充满自信。

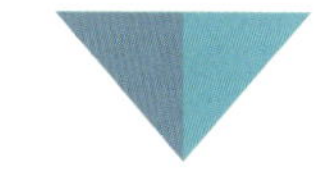

绩效考核反馈员工主要收获以下5个方面：

1 绩效承诺期间，员工对企业的贡献是什么，增加员工的荣誉感；

2 绩效实施期间，员工个人的成长是什么，增加员工的成就感；

3 绩效达成后，员工个人年初需求企业如何兑现，增加员工的价值感；

4 绩效未达成，员工个人会得到企业与管理者的什么帮助，并制订训练计划以提高绩效达成能力，增加员工的方向感；

5 未来员工成长后的业绩贡献，如何促进企业的发展和目标的实现，增强员工的使命感。

赢人“心”

“春种一粒粟，秋收万颗子。”

绩效管理中的绩效计划就如春天播的种子，而绩效考核反馈又如秋天收获累累硕果。绩效反馈是把员工的收获通过沟通的方式告诉员工，这是管理赢人“心”最好的方式，因为无论成败员工都应该如秋天一样是收获满满。

绩效考核的误区是以打分为主，而且缺少正确的反馈。所以，管理者除了日常绩效互动以外，还须通过周期性、常态化的反馈，日久员工才能体验到组织的力量和自己的成长。而不是管理的作秀，偶尔对员工进行一种形式上的沟通，这偏离了绩效管理的方向。当员工无法体会到管理者对自己绩效的帮助，员工就会失去对组织的信任，也就失去了持续在企业中发展的动力。

德国哲学家康德则认为：“快乐是我们的需求得到了满足！”只要管理者从“心”（员工需求）出发，在绩效管理过程中，首先重人“心”，做好与员工的充分沟通；其次是得人“心”，解决员工为谁工作的问题；再次是助人“心”，帮助员工快速成长；最后是赢人“心”，分享绩效管理的结果，让员工需求在绩效管理的过程中得到满足。这样绩效管理以“心”为本的快乐元素才会贯穿企业的整个管理，解决了绩效管理的本源——让员工快乐地为自己工作，最终实现企业的经营目标！

如何使95后新员

HOW TO HELP NEW EMPLOYEES

Hiring Process Training

4 招聘培训

工快速融入组织

INTEGRATE THE ORGANIZATION QUICKLY

西奥多·舒尔茨曾说：
“衡量企业整体竞争力的最重要的一个标志就是企业的人才资源。”

赵继新 | 北方工业大学经济管理学院院长　**高峻** | 管理咨询师

如今，企业面对残酷多变的竞争形势，虽然可以通过产品的迭代创新、技术设备的改进革新来应对，但是这些竞争优势是很容易被复制的，企业只有通过人力资源升级不断地创造竞争优势，做到持续领先别人一点，才能立于不败之地。企业间的竞争归根结底是人才的竞争，企业需要通过建立人才长效机制，建立不可复制的核心竞争力，人才复制和成长的速度就决定了企业的成败和发展速度。吸引人才、尊重人才、培养人才、善待人才、储备人才成为现代企业工作的重中之重。

从2017年夏天开始，贴着“高冷、手机控、二次元、非主流”标签的95后开始大规模进入劳动力市场，他们拥有更鲜明的个性、更好的想法、更新锐的价值取向，强调自我主张，注重自身发展和自我价值实现，同时他们也颠覆着传统管理思想，冲击着现有管理制度。对于这些充满朝气的新员工，应该怎样做才能使他们快速融入组织并成为组织主导力量，是每一个企业都面临的问题。对待刚刚走向职场的新生代员工，组织需要给予他们宽容的接纳、持续的培养和不间断的鼓励，使他们在工作中获得归属感、成就感和自我实现，加速完成“人材—人才—人财”的华丽蜕变。

1. 重视入职培训，做好进门第一关

从校园进入企业，95后新员工面临的最大困难是心态转换：面对新环境的陌生感和担心不被组织接纳的恐惧感。因此，入职培训应该主要针对这两个需求进行。成功的入职培训不仅可以起到传递企业价值观和核心理念、塑造员工行为的作用，更是新员工快速了解、熟悉组织、消除陌生感和恐惧感的必经阶段。一方面，新员工入职培训需要企业高层领导高度重视，部分培训内容最好由高层领导亲自担当培训师，显示对新员工的尊重，赋予他们使命感和责任感，在新员工和企业之间架起了沟通和理解的桥梁，为新员工迅速适应企业环境打下坚实的基础。另一方面，建议新员工培训集中组织，因为共同参加入职培训的经历也会增进新员工之间的友谊，相互扶持，共同成长，好的人际关系环境也会增加企业对员工的黏性。

入职培训的内容要丰富多彩，形式可以多种多样，对于这些刚从学校毕业第一次进入职场的新员工来说，入职培训做好心态、团队精神和价值观的培训比知识、技能培训显得更为重要，建议培训内容包括：企业概况（历史、现状以及在行业中的地位与经营理念、企业文化、未来前景）、员工手册（规章制度、奖惩条例、行为规范等）、安全知识（消防安全知识、设备安全知识及紧急事件处理等）、实地参观、介绍交流会（高层领导介绍各部门负责人及公司骨干与新员工认识并交流恳谈）和团队拓展训练。

入职培训后，人力资源部要组织新员工访谈，了解员工心理动态，总

结培训效果，更重要的是了解新员工真正的工作兴趣所在，以便把合适的人配置在合适的岗位上。人岗相宜不仅对于企业来说是资源最优的配置，更是95后新员工内心的追求，对员工个人更是最好的鼓励和奖赏。

2. 试用期“老带新”，快速融入组织和工作

对于一个刚入职的新员工，最期盼的就是被组织快速地接纳。相关调查表明：入职3个月以内离职的员工，最主要的原因是不被组织接纳，被老员工冷漠排挤。因此，企业建立一套新员工接纳计划就很重要。可以选拔优秀的老员工作为新员工的师傅，正式的拜师仪式很重要，独有的象征性和承诺感体现知识、经验和文化的分享和传承，更是企业文化的最好诠释，师傅对新员工融入组织和个人成长起到重要的作用；作为师傅，要及时观察新员工情绪状态，做好及时调整，通过询问发现其是否存在压力，适时把自己的经验及时教授给他，让新员工在实战中学习、学习中成长，干中学是新员工十分看重的。

在试用期期间组织可以适当安排轮岗，指导教师在试用期期间要做好量化和行为化的记录，然后结合新员工兴趣，注重新员工所长和未来潜质，在试用期结束时，建议和帮助新员工正式选择岗位，“用人所长，更要用人所愿”。

3. 试用期要以鼓励和包容为主，让他们感到“被认可”

员工70%的技能提升来自于自己的上级，在给新员工安排工作任务时，直接上级要和员工的能力适度匹配，当好教练员。一定要有明确清晰的、数据化的目标，并把目标分解成可实现的阶段小目标，并对关键节点进行适度监控，及时纠偏，新员工在一步步达成目标的过程中获得工作的满足感。即使做错了什么，也要包容为第一，要敢于给新员工试错机会。

根据岗位职责，可以把具体的工作任务开发成程序化、流程化的培训课程或小贴士，变经验为知识，快速复制的同时保证输出标准的统一，把员工每天的工作内容细化为具体数据和行为标准。例如，客服人员有标准的接待用语和行为礼仪，并在工作中不断地总结和补充，并对一些突发问题给予员工适当授权。

95后新生代员工给管理带来的最大挑战是需求发生了根本变化，新生代员工最大的激励需求已经不是单一的物质激励，而是更渴望被别人尊重和自我实现，更渴望自己从事的工作得到别人认可。所以，对管理制度和上级的管理风格提出更高要求。除了标准的、能准确反映员工日常工作的绩效薪酬体系要更加注重内部公平外，还要激励制度公开、透明。新生代员工工作做得好就应该及时获得物质上的表彰和精神上的表彰，这是95后员工追求公平的诉求。

同时，95后新生代员工很看重在组织中获得成长的可能性、组织是否赋予我责任和能否成就自己等追求，要留住这些新生代员工，要求组织必须结合新生代员工能力、潜力，建立一套可行的人才培养计划，对应轮岗和晋升制度，这不仅可以加速新生代员工的个人成长，更是留住他们的利器。

每个人都是在与周围环境相互影响中生活和成长的，新员工在企业中成长，通过不断成长为企业发展做贡献，企业环境也为新员工的成长提供必要的条件。面临新生代员工需求的挑战，组织应该创新人力资源管理制度，比如利用多种宣传方式，营造尊重知识、重视人才、鼓励进步和厚待先进的企业氛围，“比、学、赶、帮、超”，人人进取，人人向上。员工培训计划要和企业战略和业务战略需要步调一致，专款专用，有限的资源解决当下最主要的问题，适当向优秀的新员工倾斜；采取不同方式的继续教育培训，例如：高校进修培训、青年干部培训班、知名企业访问等；用物质奖励自学成才，并授予荣誉称号，提倡结合本职工作，以干促学、学以致用、边干边学、岗位创新；定期举办岗位技能大赛、自学成才报告会和专题经验交流会等多种形式来构建学习创新型组织。

在互联网时代和共享经济的大背景下，平台合作共赢是时代的主旋律，企业和这些新员工何尝不是互惠互利、相得益彰的共事双方呢，一切从和新员工第一次邂逅开始，敞开心扉，真诚沟通，拥抱未来，共同成长。

余群建 | 浙江大学客座教授、浙江大学高级培训师培训首席教官、浙江工业大学 MBA 导师、浙江省人才市场人力资源专家、浙江省人才市场高级培训师培训首席教官

近三年来，在杭州大型招聘会上，求职者对招聘单位或面试官问得最多的问题是：“我来你们单位工作，我可以得到什么？”而不再是更多地纠结薪酬待遇、企业性质等问题，而且问题也是非常直截了当，没有任何避讳。

新生代员工管理与培养

而 HR 面试新生代的候选人时，经常被放“鸽子”。放“鸽子”的理由也很多，比如前台太不漂亮、食堂饭菜太难吃、今天面试心情不好、今天面试和女朋友吵架了、今天面试遇到 5 个红灯……HR 整理后发现，竟然有 56 个被放“鸽子”的理由！

1 新生代员工职场面面观

在很多 HR 和员工上司观念中，员工离职被定义为“对组织的不忠诚”。但在新生代员工意识里面，组织和忠诚是两码事。曾经流行一个词语填空：请 60 后、70 后、80 后、90 后、00 后对“_____ 牺牲，_____ 出卖组织”进行词语选择填空。结果 5 个不同年代的人所用的词语均不相同，答案分别为：“宁可，也不”“害怕，所以”“与其，不如”“即使，也要”“白白，忘了”。

在组织里面谁代表组织？上司代表组织！很多企业的员工也许一年也见不到老板一面，而对上司是天天抬头不见低头见。因此，上司因素占员工离职因素的 16%~30%，而且“上司颜值太低”居然也是员工离职因素之一。

新生代员工在与上司交流过程中往往想怎么说就怎么说，不在乎上司的心理感受，真正体现“率真”的一面。但是，他们却很在乎自己的心理感受，上司一句“不合心意”的话就“裸辞”。我有一个做车间主任的朋友，有一次批评一名 95 后女孩子“干活的时候手脚利索点”，结果这个女孩子就受不了了。第二天上班的时候，她领着她妈妈来车间辱骂了我朋友一顿后，再也不来上班了。

HR 给新生代员工总结了五大典型性格特征

1. 个性鲜明，不擅长“拐弯抹角”，而且要求表达个性的话语权。
2. 乐于接受新事物，他们在电子产品中度过了童年和少年时期，在一个英文不识的情况下，全英文游戏照样玩得很溜。
3. 思想独立开放，无论是在学校还是在职场都讲“公开、公平、公正”，尊重社会公德。
4. 自我意识较强，体现在职场上“利我”优先，渴望成功和出人头地的意识比较强。
5. 网络依赖性强，可以没饭吃，可以没有水喝，可是没有 Wi-Fi 是不能忍受的。

网络上也曾经开展了一个“关于新生代员工的三个信任”调查

❶ 目前生活中，你最信任的 3 个人是谁?（新生代员工回答）

❷ 目前生活中，哪 3 个人会影响你的生活质量 / 幸福感?（新生代员工回答）

❸ 你认为在下属最信任的 3 人当中，你是否排列其中?（员工的上司回答）

第一个问题的答案，结果近 85% 的新生代员工没有选择上司；第二个问题的答案，结果近 99% 的新生代员工选择了上司，因为上司可以决定他（她）的薪酬；第三个问题的答案，结果近 80% 的上司选择了“是”。从这个答案，我们可以得出上司与新生代员工的认知差距。

2 新生代员工职场性格形成分析

新生代员工的个性与其成长的时代、“浮躁”的社会和目前的教育体制等都有很大的关系。1993 年以后，中国取消了粮票，这就意味着老百姓吃饭不成问题，这一代人自出生就满足马斯洛需求层次论的最低层次了。当这个问题不再是问题的时候，那么第二个问题就扔给了他们：“我存在有什么意义？”所以，这代人打小思考力就很强，当然也会无端伤感，个性和自我意识都很强。再加上中国的教育是“应试教育”，教育讲“速成”，家长奉行“有用主义”，形成了这代人的“第三只笼子”的职场处事性格。

3 新生代员工的培养需要上司的“功底”

职场中，很多上司给新生代员工冠以这样一个词语“冠名”——“瓷宝宝”，这点我不是很认可。下属有问题和缺点，作为上司要批评指正，如果放之任之则是对组织的极大不负责任。

俗话说“响鼓得用重槌敲”，但是对新生代员工的批评，就有点不合适了。马斯洛需求层次论告诉我们，人的需要是层级型，当一个人满足当前的需求的时候，会主动、努力地争取再上一个层级的需要。而在“互联网 +”的今天，已经不能再就单纯层级型的马斯洛需求层次论去研究了。对新生代员工的激励，更是要用重叠型的马斯洛需求层次论去研究。

比如，当小明和他上司说：“隔壁公司小王和我一个村，我们年龄一样大，同一个大学毕业，同一个专业，他每个月工资比我多 500 元。”此时，上司要领悟到小明不再是简单要求增加 500 元的工资了，这种需求还包含了最高层次“获得领导认可，实现自己价值的要求”。如何留住小明？上司需要打一套新生代员工激励的“组合拳”。

对新生代员工批评教育，要做到以下几点

❶ 在一对一的情况下责备，不可在大庭广众之下，特别是当着他的下属的面批评他，“自尊”是放在第一位的。

❷ 选择适当场所，最好是比较宽松的环境，挖掘他内心的一面。

❸ 清楚地说出责备的理由，就事论事，要描述事件而不要判断性质，批评侧重行为表现而非性格，批评的时候要针对具体事情而非归类。

❹ 在批评沟通的时候，上司要花 70% 的时间听他说，要学会倾听，采用开放式沟通而非封闭式沟通。

❺ 在批评中，上司不可失于情绪，坚决避免带着情绪进行沟通，对事不对人，要有理性、感性地纠正，并提出期望和要求。

❻ 在批评和交流沟通中抱着教导部属的心态，而不是上司的宣泄。

在职场里，薪酬不再是新生代员工唯一的需求，他们更要求自我实现，成为“自己希望成为的人”。这里有三个维度：第一个维度是职业认可度，分维度有职业兴趣、职业价值、职业成就、职业归属；第二个维度是职业化成熟度，分维度有职业认知、人格塑造、自我认知、职业行为、职业态度、职业动机、职业观；第三个维度是企业认可度，分维度有企业文化认可、领导方式认可、团队认可、工作认可、企业归属感。

企业员工管理分为三个阶段。

第一阶段：控制，主要是在 20 世纪到 21 世纪初的企业管理中运用较多。这个阶段企业规定员工什么可以做什么不可以做，在绩效管理上追求效率，员工的主观能动性不发挥。

第二阶段：激励，主要在 21 世纪初运用较多。激励包括平台激励、愿景激励、股权激励、薪酬激励等，核心是解决员工的归属感问题，使员工从“要我做”变成“我要做”，在绩效管理中企业追求的还是效率。

第三阶段：赋能，在追求效率的管理时代，企业根据短板效应要求员工。随着互联网企业的兴起，赋能作为员工管理主流，企业根据长板效应要求员工。

4 新生代员工管理需要“懂他”

如何管理和培养一名优秀的新生代员工？首先需要上司“懂他”，而后才能因势导利育才。

去 KPI（关键绩效指标）进行赋能的“长板”管理，更需要上司与新生代员工一起完成以下 7 个关键点

关键点❶：找共识。就是要找到新生代员工和企业需求共同点在什么地方，“做什么”比“怎么做”更重要。

关键点❷：明需求。除了前文所述的需求层次理论外，还有一个激励的重要模型就是“双因素理论”，即保健因子和激励因子。

关键点❸：激动机。解决这个问题，人力资源界采用比较多的是目标期望理论。

关键点❹：促行为。需要对新生代员工采取行为强化理论。

关键点❺：心满意足。主要是以薪酬和平台的激励为主，这个激励又涉及公平理论、内部公平与外部公平的解决。公平性问题解决不好，激励还是存在问题的。

关键点❻：再燃激情。对于工作比较顺利的新生代员工，给予必需的、适当的挫折感，但上司又要将其从挫折的阴影中及时“解救”出来。“平步青云”对新生代员工的成长并非好事。

关键点❼：管理需求。上司要能激发新生代员工的工作动力，不断挖掘新生代员工的新需求，并以此作为新生代员工职场动力的源泉。

新时代员工“运营”有套路

张泽雄 | 互联网运营经理

有不少企业一直在思考如何留住员工，减少公司的离职率。在笔者看来，员工离职是再自然不过的事了，但是一旦优秀员工的离职率呈上升趋势，那么这个问题就值得思考了。

什么企业留不住员工？

如果类比一下互联网产品中的用户运营，我们就会发现，其实员工管理跟互联网产品中的用户运营是相似的。

在互联网产品的用户运营中，需经历“获取—激活—留存—转化”的用户运营过程。与之对应，在员工管理中，笔者认为员工的“运营”需要历经“招聘筛选—愿景唤醒—企业文化留人—创新管理模式”的过程。

招聘筛选

1. 招聘不是找一个人那么简单

许多公司将员工管理的重点放在了绩效考核、培训计划等人力资源管理链条的中后端上，却忽视了招聘这个前端环节。但正是招聘环节决定了公司文化和人力资源管理的走向与质量。

笔者曾见过某公司有这样招聘公司市场助理的：从简历中筛选出期望工资等于或低于公司所提供的工资水平的，然后看申请者谁更富有经验，然后挑选出来进行面试。

这种基于成本和经验的招聘筛选方式，花费时间很少，但有什么问题呢？其一，减少了优秀员工的面试机会，因为申请者的期望工资不等于所能接受工资的底线；其二，减少了经验不足但是学习能力强的员工的面试机会。这两点降低了公司是否能招聘到能力、素质与公司文化更契合的员工的可能性。

我们知道招一个人不容易，但是要炒一个人鱿鱼更不容易。正所谓“千里之堤，溃于蚁穴”，一旦对不合格的员工放任自流，那么极容易产生链条反应，从局部扩大到整体，从公司的人际关系层面扩大到文化层面，进而形成恶性循环。

许多小公司，甚至大企业，时常基于成本和经验的单维度，局部地、短期地考虑，却忽略了这种选择给公司带来的长远影响。这取决于招聘者对公司本身文化的重视程度和对公司发展的深谋远虑程度。

招聘不是找一个人那么简单，而是在招一个推动公司发展的接力者。

2. 招聘不是冒险

企业招人，应当招优秀的人，但不是招牛人，而是招最适合公司的人。牛人自有留牛处，企业应该对自己的能力和水平有清晰的了解和定位。

笔者本科毕业前曾在一家国企实习，进去之后发现公司有许多名校背景的员工，但却没有清华、北大这两所顶尖大学出身的员工。后来问HR才知道，他们并没有将清华、北大纳入招聘范围，因为以前招过的清华、北大毕业生对公司的期望过高，基本都离职了，他们要招的人既要优秀，又能真正认可公司，与公司共同发展。

在实习期间，笔者深切感受到这家国企蓬勃的发展力量，那是真正的团队，每个员工都认可公司文化，全身心投入工作，老员工还会作为导师帮助新员工快速进入工作状态。这样的公司，如何不优秀？公司优秀与否，取决于招聘者让谁作为成员参与到这个大家庭。所以，一个优秀的招聘者一定是熟悉公司业务发展需求、工作岗位性质和公司企业文化的人，从而实现公司招聘环节的风险最低化和人力资源配置的效率最高化。被应聘者光环迷惑的招聘，是一场冒险和赌博。

3. 一定要招责任感强的员工

值得一提的是，优秀员工有一项核心的素质，那就是责任心。我们很难想象一个责任感强的员工不讲诚信、不正直、对业务不思进取。反观之，不少管理出现问题、企业文化塑造出现问题的公司，都不可避免地出现员工责任心不强的现象。一个不负责任的人，就会带来另一个不负责任的人。

因此，是否具备责任感是在招聘环节判断员工的一个重要准绳，也是区分优秀员工和非优秀员工的一个标准。

总之，只有招到真正符合企业条件的员工，“用户”才不会流失。招对了人，后面的事都好办。

愿景唤醒

愿景，就是人们希望达到的景象。在企业当中，它概括了企业未来的目标、使命及核心价值。愿景能激发员工工作的激情，指明员工努力和奋斗的方向，推动企业的发展。

但很多企业提出的愿景大多是一句空口号，喊过了就忘记了。将愿景清晰、有力地传播给员工，是构成有效战略的基础。只有让员工清晰地了解企业的愿景和使命，统一用力方向和做事准则，战略才得以执行和细化。愿景或许是感性的，但实现愿景的路径却一定是理性的、可见的、可反馈的。

“你想改变世界，还是想卖一辈子汽水？”这是乔布斯邀请百事可乐总裁约翰·斯考利加盟苹果时所说的话。这句话，让约翰·斯考利离开可乐事业，转战苹果。很明显，改变世界比卖一辈子汽水要更振奋人心。

在浮躁的市场环境下，有些企业领导喜欢给员工画大饼，乐此不疲，但却没有实际的战略执行路径。这种失去支撑的愿景唤醒是失效的，真正优秀的员工不是那么容易被忽悠的。他会看公司的执行路径，看同事的做事风格和细节，接受来自市场的反馈。例如，腾讯的愿景是“成为最受尊敬的互联网企业”，那么，企业的产品和服务是否做到以用户为中心？是否融入了人们的生活并给人带来便利与愉悦？这些问题和答案就是员工接受反馈的路径。愿景唤醒能让员工明确前进的方向和营造归属感，但是前提是这种愿景能让员工在实际工作中真正感受到，而非夸夸其谈。

特别在新生代的员工中，物质需求已经不再是唯一的工作动力。精神上的兴趣、志向与职业的统一是新一代职场人员越发明显的倾向，这种倾向决定了员工希望自己的工作有所意义。如果愿景唤醒是有效的，将有利于激发新生代员工的工作热情和创意。

企业文化留人

一家企业的企业文化，归根结底取决于企业领导者的企业家精神和价值观。将这种精神和价值观作为原点，在员工群体间得以传播发扬，就奠定了企业氛围和工作态度、方式的基调，也决定了企业是否能成为卓越和长青的企业。

很多人觉得企业的企业文化很虚，但往往这种“虚”的东西，却是员工离职的重要原因。

三国乱世，刘备认为天下大乱始于人心之乱，因此要安天下，必先取人心，须以仁义为本。而曹操则认为天下大乱，安天下已经不能，取天下可以，故当以兵法和权谋至上。两种不同的价值观，造就不同的“企业文化”，这也是刘备为何能聚集那么多贤人能士的原因。从领导者的价值观出发，再招聘志同道合之人，加之以有效的愿景唤醒，形成统一的富有感染力的群体行为，这就形成了企业文化的闭环。

很多员工离职的时候都会说自己对薪酬不满意，但仔细一聊，往往就会发现不是钱的问题，而是人的问题——由老板、HR、同事和员工自己构成的“人”。企业老板、HR 素质、思维、意识的瓶颈，就是公司人力资源体系的瓶颈，决定着企业文化的成败。

为什么有些企业的老员工能无私辅导新员工进入工作状态，而有些企业第一反应是利用和欺负新员工？说白了都是人的问题。文化影响了人，反过来人也决定了文化。但是，很多管理者和 HR 在招聘和日常管理的时候，却对这些问题视而不见，转而把精力花在了绩效考核、形式上的培训这种后续的环节中，而忽略了最致命的问题。只有极少数像华为任正非这样的领导者才能洞悉人性，“30 岁别光想躺床上数钱”，敢于除掉破坏企业文化的“杂草”，才有“鲜花”的空间。

有人说，对于小企业来说，不存在企业文化，只要业务跑上来，赚钱才是正事。

但是，笔者想说的是，小企业也有企业文化，这个企业文化就是老板的人品和企业所招聘的人员素质形成的整体氛围。

小企业为什么留不住人？除了薪水，更多是因为老板。小企业不像大企业那么多部门和层级，直接接触老板的机会也比大企业多。在大企业，员工感受企业文化的途径就是与同事、上级的来往，而在小企业，老板的为人处世、言传身教是员工感受企业文化最直接的路径。当老板和同事之间形成的氛围不能给员工带来归属感的时候，员工的离职就再正常不过了。

因此，企业管理者与其花太多精力在次要的人力资源上，不如多花点精力思考企业文化和招聘环节。

创新管理模式

每一位企业的员工都希望在一段工作中收获价值，取得某种工作成果，这种结果的转化和产出，必须依赖创新的管理模式。

有些人说新生代的90后不是为了钱而工作，而是为了某种志趣。事实是，90后的员工不仅要求富有竞争力的薪酬，还要求工作能与自己的兴趣相结合。兴趣与钱，并非“两者选其一”的关系，而是“叠加”的关系。如何创新管理模式以适应这个时代人才的需求，留住跳跃的新生代职员，是每个企业管理者不得不思考的问题。

我们可以看到90后的新生代比以往的职员有一个明显的特征，那就是他们渴望自己有比较充分的独立决策权，包括战略决策权。他们野心勃勃、充满自信、渴望做事的自由；他们希望自己拥有更多的领导力，而不甘愿成为一颗螺丝钉；他们希望自己的企业有相互支持和包容的文化，有开放和民主的交流环境，能体现自己的价值。

我们可以看到很多企业采取合伙人制、支持员工创业、项目制管理并加以股权激励等方式迎合新一代职员的职业需求，创建新的人才管理与合作模式，真正让企业员工最大化地发挥所能。在这个从劳动力型经济向知识型经济转变的时代背景下，个体的能量在放大，大企业创业平台化、项目化将是一个趋势，开放、合作与分享，分布式的创新管理模式或是卓有成效的路径。

新时代员工的“运营”，需要管理者洞悉人性，把握时代的脉搏，寻根问底，与时俱进，这是对管理者综合素质的挑战。

企业大学核心能力的构建与探索

——以中国电信学院实践为例

李渝鄂 | 华为技术有限公司全球培训服务部领导力发展专家

近几年，企业大学作为培训行业的重要组成力量异军突起，稍具规模的企业都在建设自己的企业大学。但是，对于企业大学到底该怎么建，什么是企业大学的核心能力和核心作用，怎样运营一所企业大学许多企业并没有想清楚。笔者曾在中国电信供职，参与了中国电信学院的核心能力构建，在此方面有一定的心得体会。

中国电信学院于2008年成立，经过九年时间的奋斗，积累了很多成功的经验，在企业内外有了一定的口碑，甚至在行业中具有了标杆性地位。一段时间几乎每周都有几家企业参访，这样的情形也一度让我们感到高兴甚至些许陶醉，但回首细想，在暖风熏人醉的繁荣气息里，其实潜藏着极大的危机。

管理大师
彼得·德鲁克
在其经典著作
《管理的实践》中谈到，
管理的本质，
不在于知，而在于行；
其验证不在于逻辑，
而在于成果，
其唯一的权威就是成就。

同样，对中国电信学院也是一样，验证的逻辑不在于声名和荣誉，不在于创立了什么标杆，而在于我们是否能够通过开发运营学习产品、设计实施学习项目和搭建完善的学习体系等行动助推企业的战略发展，而这才是一所企业大学真正的核心能力。

因此，从2014年开始，我们以构建中国电信学院的核心能力为中心任务进行了持续三年的提升变革，成效明显。整个变革过程我们围绕3个问题展开：企业大学为什么要构建核心能力？企业大学怎样构建核心能力？企业大学的核心能力做什么？

为什么：成功悖论与繁荣下的危机

繁荣下的危机主要来源于2个方面：固有的成功和VUCA（易变性、不确定性、复杂性、模糊性）的环境。如果依赖于昨日的成功，往往加剧明天甚至是今天的失败，无论是组织还是个人，处处上演着“成功悖论”。人人皆知失败乃成功之母，却不知其实成功也是失败他娘。

何谓“成功悖论”？当一个组织的战略与执行系统高度协同一致时，组织往往会取得成功，在成功的道路上壮大成熟、规模不断扩大，同时逐渐结构化、老化，在整个组织系统和文化方面产生比较的惯性，如果组织处于稳定的环境中，这种惯性会推动组织持续成功，但是当外界环境发生较大的变化时，这种源于过去成功的惯性往往会带来新的失败（如图1所示）。

对于中国电信学院而言，过去很长一段时间逐步形成了资源操盘的成功模式，主要是通过借力和外部合作的方式，帮助企业解决人才发展面临的问题。三年前，这种模式受到了来自内外部环境的挑战。其一，企业面临的外部环境越来越 VUCA，外部市场和组织内部变化来得更快，对人才的需求更加易变；互联网对传统领域的影响明显，传统领域的业务和人才变得难以预测，需求也难以预测；业务更复杂，人的个性得到释放，需求也更复杂，单一内容或形式（培训、在线、教练、轮岗等）无法同时满足组织和个人的需要；不仅未来难以预测，现实中的事件因果关系、解释说明也更趋模糊，对问题分析的难度加剧。其二，从企业内部环境来看，中国电信学院服务的客户即内部中高层管理者和业务骨干面临的业绩压力越来越大，他们期望培训不能是空谈；作为集团高层，对中国电信学院专业建设提出了不能空心化的要求，必须构建核心能力；作为中国电信学院的所有员工，也从职业成长和发展的角度希望工作价值不能空白，能有价值贡献。面对内外部环境的变化，如果要逾越成功悖论的大坑，就必须探索和构建中国电信学院自身的核心能力。

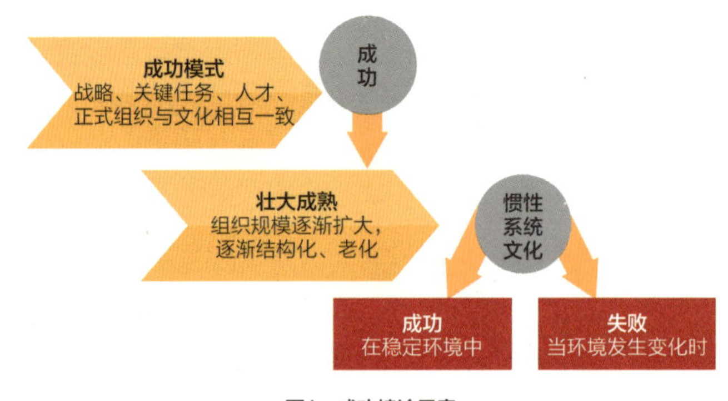

图1　成功悖论示意

怎么做：从专业提升倒逼组织能力

早在 1990 年，帕汉拉德（C. K. Prahalad）和哈默（Gary Hamel）在《哈佛商业评论》上发表了《公司核心能力》一文，提出了企业的核心能力这一概念，根据帕汉拉德和哈默的定义，核心能力是“组织中的积累性的知识，特别是关于如何协调不同的生产技能和有机结合多种技术流的知识”。麦肯锡咨询公司认为：“核心能力是某一组织内部一系列互补的技能和知识的结合，它具有一项或多项业务达到世界一流水平的能力。”虽然表达不同，但共同之处在于强调知识的重要性，通过知识的积累，将企业内部各要素构成互补的知识体系。企业核心能力是由企业核心技术、组织管理制度和市场能力所组成，是对各种学习技术心得与各个组织知识的总和。企业的核心能力可能分属于企业内不同的个人，但是，它更突出地表现为整个组织所拥有的技能，而不是某一个人的私有技能。

虽说论述核心能力的文献比较多，但实践经验却相对较少，尤其对于企业大学核心能力建设而言，文献和经验就更少了。三年前，中国电信学院决定从专业建设入手，通过个体专业能力提升倒逼整个组织核心能力建设。

（一）启动复盘，探索四项专业能力框架

2014 年，我们设计了以复盘为核心的业务分析制度，通过对重点项目开展阶段性复盘来探索专业能力的框架，通过大家对项目发散式的提问和追问，解剖一个项目从客户需求到最后能力转移复制的全过程。为鼓励提问，我们设计了很多宣传海报提出“真正的复盘是不留情面的复盘”“官话套话是语言腐败、一团和气是文化腐败”，利用微信、学习圈、UMU（一种创新互动平台）等方式匿名提问。通过调研和整理，我们发现一个有价值的项目往往能很清晰地回答下面四类问题：

（1）你的客户是谁？需求是什么？在与谁对话？

（2）你的解决方案思路是什么？是怎么设计的？

（3）你的项目交付包含哪些？都是谁交付的？

（4）你的团队是如何分工协作的？可否复制？

通过对上述四类问题的回答，我们提出了中国电信学院的专业人员应该拥有四个方面的应知、应会的能力：客户能力、产品能力、交付能力、团队能力。客户能力是指对客户战略和业务理解与对话能力；产品能力是指解决方案设计与课程开发能力；交付能力是指自主交付、项目运营、高效实施的能力；团队能力是指团队协同作战的合力和战斗活力（如图 2 所示）。

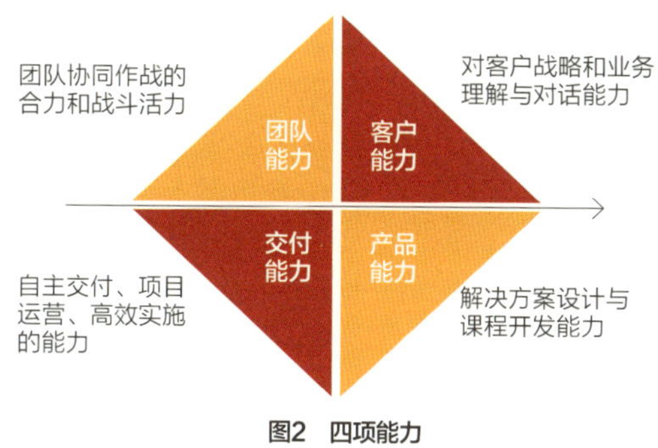

图2 四项能力

随着实践的深入，我们的理解和认识也不断地深入，四项能力的含义也随之变得丰富和深刻，从四个方面的应知应会，到某一个方面需要有专长，再到团队和组织需要提升四项能力，实践和认识交相辉映、螺旋上升，在近期开展的面向 2025 年的规划中，四项能力将逐渐从客户咨询、项目设计、产品运营、资源整合四个维度迭代清晰。

（二）通过多种形式，持续提升专业能力

对于专业能力的建设并没有停留于总结和提炼，而是通过多种形式，持续提升学院专业人才队伍的四项能力，主要开展了树立标杆、厘清标准、传播分享、以师带徒等活动。

树立标杆：组建专业委员会。“在人才发展领域，我们目前接触的内外部人员，哪些人的哪些方面是值得我们学习的？”通过对这个问题的广泛询问，我们制订了专业委员会组建方案，并对方案进行了公开透明的讨论和意见征集。2014 年我们组建了专业委员会，并组建起了外部专家组和内部专家组，邀请了一些行业标杆作为外部专家，通过公开对专业能力的盘点、述职、打分、公示，选拔出一批内部骨干作为内部专家。专业委员会尤其是内部专家组的成员逐步承担起学院重大专业决策的参谋、承担中国电信学院重难点项目、传播交流专业经验心得、帮助年轻专业人员成长的重任。2016 年，专业委员会内部专家组进行了第二届换届，专业得到了发展和传承。

厘清标准：开展以结果为导向的能力标准研究。仅仅有专业队伍是不够的，如何帮助大家厘清专业标准刻不容缓。如何建立标准？建立什么样的标准？是建立知识、行为技能标准还是建立结果标准。我们发现在互联网时代，过程标准远没有结果标准迫切。所以，在我们的标准中，每一项专业能力对应若干交付成果，没有对专业能力进行解释和定义，而是遵循成果导向，通过具体交付成果（俗称“干出的活儿”）来衡量专业能力的水平。在每一个具体的交付成果中，我们根据研究定义了交付成果包含的内容、衡量标准（数量、质量、方法论）、达成成果的工作环节、当下的最佳行为表现、评估方式、实践中相关的真实案例等七个方面的内容，帮助大家理解什么是专业的交付成果，如何做出专业的交付成果。通过全学院跨团队的研究和众多专业人员的共创，我们推出了一本期待持续迭代、永远是 Beta 版的四项能力手册《培养学院人》（如图 3 所示）。

图3 《培养学院人》示意

传播分享：组织“切磋堂：189Talk”午餐分享会。切磋堂利用午餐时间开展分享学习活动（Lunch Learning），“分享干货，切磋心法”，展示工作中的亮点，萃取优秀的实践经验，切磋探讨成功背后的启示，同时也督促学院人将个人知识进行总结提炼分享，成为组织知识，并辅以实际案例的经验，从而体现前文所述的“核心能力是某一组织内部一系列互补的技能和知识的结合”。

以师带徒：推进专业导师制“馒头计划”。聘请内部专家组为导师，面向学院年轻员工尤其是新进员工招募被辅导者，开展为期半年的“馒头计划”，在配对的过程中尽量体现跨部门优先，不仅仅使新进员工更加快速地融入学院，更是对专家们的一种鞭策和激励。通过半年的实践，加速了专业队伍的成长，同时从组织的角度对导师制的运作积累了经验，2016 年全集团开始建立和试点新员工导师制，中国电信学院发挥了重要作用。

除此之外，中国电信学院还通过小微创新、岗位创新、外出对标学习、交流合作等多种方式提升整体的专业能力，并通过专业能力的提升为集团

创造更大的价值，从而倒逼企业大学内部机制体制创新。

（三）推进项目产品，构建赋能为主体的架构

项目制是一个被谈及多年但却没有做深做透的一件事情，其目的是要通过引入项目制逐步建立内部市场化意识和能力，建立透明有序规则，激发员工队伍活力，打破目前的部门所有制、客户所有制、业务所有制，通过良性循环，拥抱变化、激发活力，做好组织能力的传承交接，"铁打的营盘流水的兵"，真正构建可持续的核心能力。项目制的做深做透必然会对以职能直线为主的组织架构和体系产生影响和冲击，为避免为项目制而项目制，做表面的项目制，在三年多的探索过程中，我们持续开展了四个方面的实践：一是做好需求统筹，严把项目立项关，逐步分级立项、分级管理；二是做好过程管理，建立人工投入确认机制，专业人士的时间资源是学院最基本的资源；三是做好价值评估，严格项目审计，客户价值的增加是唯一的评价标准，从客户满意度到客户净推荐值（NPS），目前还在探索和数据积累中；四是试点打通"目标—评价—分配"环节，打通目标分解、结果评价、分配激励，使之良性循环，项目制也将成为"划小"的具体承载方式。

项目制的推广对中国电信学院的专业建设起到很好的牵引作用，与之同时也带来了一定问题，所有专业人员都更愿意扑向项目，需要长期开发运营的产品和体系建设渐渐有被忽略的危险。2015 年，中国电信学院提出了"项目 + 产品 + 体系"的思路，将长期效应和全局效应纳入了专业建设当中，产品的全生命周期、产品线的三个地平线建设、业务体系的构建逐步清晰起来。2016 年，在各专业条线第一次明确提出了要明确产品经理的角色定位，提出了打造学院核心产品，通过标准化、规模化的覆盖为集团贡献更大价值的要求，把中国电信学院的专业建设从项目的"点"、到产品的"线"、再到体系的"面"的方向牵引（如图 4 所示）。

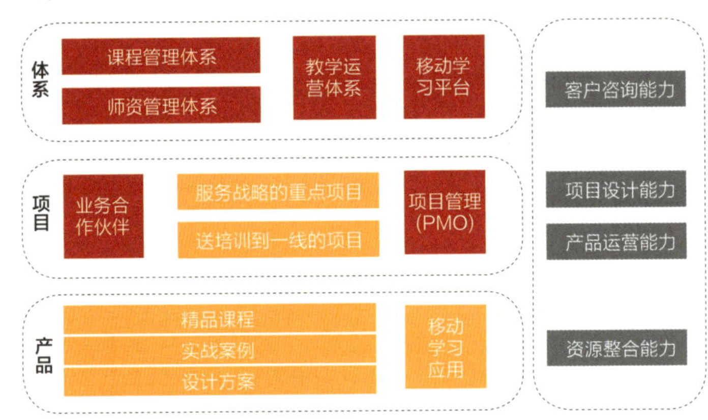

图4 以赋能为主体的核心能力系统架构示意

做什么：基于核心能力构建的实践

在构建核心能力的过程中，我们遵循客户导向和结果导向，以终为始，核心能力本身并不是目的，关键是要为企业创造核心价值，企业大学姓企，企业大学的核心价值并不是核心能力创造的，而是通过核心能力被内部客户和企业感知到的。所以，核心能力是从实践中来，又要回到实践中去。中国电信学院主要聚焦了 3 个方面的实践。

（一）构建基于战略的领导力发展体系

毛主席曾说过"政治路线确定之后，干部就是决定的因素"，对于干部的培养必须建立基于战略的领导力发展体系。其一，领导力发展体系必须是基于战略的，如果不从实现战略的高度来构建和实施，永远无法成为企业内部上下认可的体系，最多只是一件华丽的外衣；其二，领导力发展体系在借鉴西方领导力理论和经验的同时，必须强化干部的党性教育，两者必须有机结合避免两张皮；其三，构建和实施领导力发展体系重在实践。对领导力发展体系的实施和

2003 年	2004 年	2007 年	2008 年
外部学习考察互联网学习趋势与实践	中国电信网上大学正式挂牌成立 企业进入在线学习阶段	在线培训管理标准化 在线岗位技能认证	资源建设众包 在线互动直播品牌化运作

演进阶段：在线培训管理标准化　电子课件开发与建设　在线岗位技能认证　管理者向服务者转变　社会化学习、UGC　系统架构调整

实践永远要比研究与建立领导力发展体系更重要，要通过不断实践来丰富和完善符合企业实际的领导力发展体系。中国电信学院早在 2009 年就勾勒出了基于战略的领导力发展体系的蓝图，从 C 阶、D 阶中基层管理者培养，到年度例行的现职中高层管理者培训，再到面向未来的“创业家训练营”，到长达一百天的党校主体班，领导力发展的体系性和系统性正一步步从理论走向实践（如图 5 所示）。

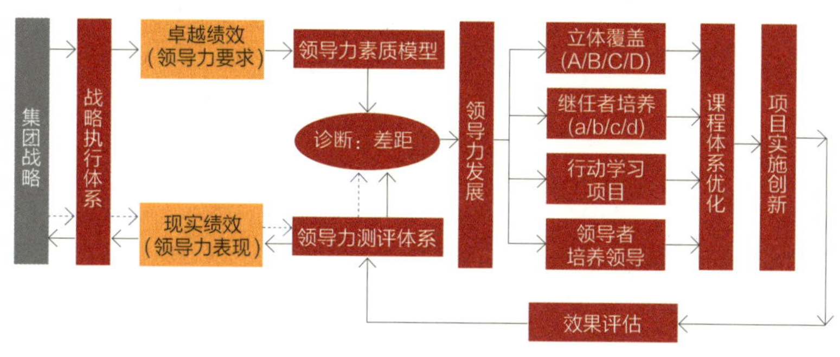

图5　基于战略的领导力发展体系示意

注：该发展体系 2009 年获得第六届通信行业管理创新一等奖。

（二）推进开发运营一体的移动学习平台，探索社会化学习实践

随着互联网技术的发展，学习逐渐从联结信息、联结知识向联结人与人、联结智慧迈进。社会化学习可以达到快速传递信息、增加多元观点及借由与他人交流达到优化决策的效果。实际的应用可以体现为员工在微博上发表工作上遇到的问题并寻求帮助，或者讲师在面授课程结束后，通过网络社区、移动终端，持续与学员保持交流等。学习不只是获取所需的知识，而是同他人一起学习或从他人身上学习的过程。中国电信从 2003 年开始投资员工在线学习系统，2004 年中国电信网上大学挂牌成立，持续十多年时间，逐步演化到移动学习、社会化学习，摸索出一套开发运营一体化的治理模式，在对内做好提供普遍服务的基础上，积极参与到中组部、其他大型央企的移动学习规划项目中，为集团公司争得了客户、争得了荣誉（如图 6 所示）。

（三）探索以创新创业为主线的互联网人才培养模式和以实战为核心的市场销售人才培养模式

在聚焦领导力发展和移动学习的同时，面对企业转型升级的需要，中国电信学院在互联网人才培养方面主要探索以“双创”为主线、打破岗位层级、区域限制开展针对性培训，逐步摸索出以“mini 创新创业训练营”为源头、以黑马大赛为输出的互联网人才培养模式，对于发现企业内部的互联网人才、建立新兴业务的人才池、传播创新创业的企业文化起到了很好的作用；在市场销售、一线小 CEO 人才培养方面，强调实战、强调训战结合、强调绩效改进，同时面对人群众多的特点，强调学习产品的标准化、内训师的培养和培训组织能力的转移，目前取得了较好的效果。

但是，如何持续提升企业大学工作的战略性？如何使企业大学工作对业务产生价值？如何获得公司领导和业务单位的支持与承诺？如何帮助企业大学建立口碑……这些问题仍然处于探索当中。

企业大学核心能力的构建是一场没有终点、永远在路上的奥林匹克，正如中国电信集团公司副总经理、中国电信学院院长柯瑞文在一次与学院员工座谈会上所指出的那样：“企业大学的核心能力具体是什么并不那么重要，重要的是具有核心能力的企业大学如何更好地帮助企业化战略为行动、推动转型升级的实现。”中国电信学院现在还说不上已经具备了核心能力，只能说朝着这个方向探索了一小步、前进了一小步。我们期待所有的企业大学都能构建所在企业需要的核心能力，在核心能力的奥林匹克上，更高、更快、更强，凝心、聚智、赋能，助力战略目标实现。

2010 年	2011 年	2013 年	2016 年	2017 年
社会化学习平台上线 非正式学习规划运营 平台开始向云端转化	移动学习产品设计研发	移动学习完成全面普及应用 大数据进入准备阶段	智能生态圈建设运营	培训管理和人才发展 大数据将被广泛应用

产品体系规划　辅助绩效提升　　开放式平台架构　移动学习重点产品　产品化运营团队组建　跨终端无缝学习　运营数据监控与分析

图6　中国电信互联网学习/移动学习发展历程

Benchmarking Enterprises

5 标杆企业

奇瑞宜信

CHERY CREDITEASE

李晗 | 本刊记者

CHERY

奇瑞

——“奇”峰突起，缘自不忘初心

李晗 | 本刊记者

汽车工业是“工业中的工业”，在任何一个工业国，它既是带动其他产业和国民经济发展的基础产业，同时也是检验工业发展水平的重要标准。

中国自20世纪30年代起孜孜以求自己的民族汽车工业梦想，一代代人秉持使命、一个个车企上下求索，终于在80多年后建立了比较完整、全面的自主知识产权汽车工业体系，并且开始同世界汽车工业大国一较长短，这其中许多汽车自主品牌的奋斗史值得书写，奇瑞就是其中之一。

小草房里长出来的世界级发动机

在安徽芜湖经济技术开发区内，坐落着奇瑞汽车的总部和部分生产基地。这里厂房林立，人车川流不息，每年出产百万辆的奇瑞汽车整车及数十万台高水平发动机，有着全世界先进的全信息化发动机装配线。但是，在20年前，这里还是一片荒滩野渚。1997年，奇瑞汽车股份有限公司在这里首次建厂，但是，当时连家徒四壁都谈不上，是真正的一无所有。没有厂房，没有资金，没有工人，没有技术，怀着一颗热腾腾的心的创业者们临时找了几间废弃的砖瓦厂的茅草房子立足，那便成了奇瑞公司最早的源头——小草房。

“当时这里真是一片荒地，真的是什么都没有，我们几个人，连间办公室都没有。”奇瑞公司副总经理兼动力总成事业部总经理冯武堂回忆起当年的情形来仍然是不胜唏嘘。这位面容和善、风度谦逊的奇瑞“老井冈山”干部，1996年刚30岁出头，跟着尹同跃来到芜湖一同草创奇瑞，一扎下来就是20年。不过这20年可真的是不平凡的20年，于他个人，于奇瑞，于中国的汽车工业，都是如此。

最初起锅立灶，还想着依靠国外的技术。他们七拼八凑，加上政府的支撑，买下了英国威尔士公司的一条二手的福特发动机的生产线，请英国公司派了几十名技术人员，希望在引进设备的同时也引进技术。但是没想到请来了一帮“大爷”，不仅磨洋工，核心的技术资料、生产规程等根本不向中国人开放。尹同跃发了脾气，当时奇瑞已规划好了整车开发项目，发动机如果研制不出来，所有努力将要白费。他当机立断：让英国人回老家！我们自己干！

英国人也撂下一句话：你们几十年内也搞不出来！

“造不好发动机，咱俩就一起跳下去”。尹同跃指着还在建设中的35米深的厂房基础坑对冯武堂说。

总不能等着跳啊？冯武堂也没时间多想，只得先把人才弄过来。以最快的速度，把原来老一汽等国内36位发动机专家们聘过来，群策群力，技术攻关。要搞自主知识产权的小客车发动机，老专家们也焕发了第二春，条件真是苦，压力也真是大，谈不上风餐露宿，但有时候也相差无几，废寝忘食，倒确实是常事。

经过500多个日日夜夜的艰苦战斗，1999年4月27日，第一台奇瑞的发动机点火成功，比原计划还提前了半年时间。所有奇瑞人激动万分。不久，尹同跃又喊出了“造不好车，就跳长江”的口号。冯武堂幽默地说：“我可不能跟您跳，我完成了造发动机的任务。”

说是这么说，冯武堂下的功夫人人看在眼里，人人也没看在眼里。人们能看到他工作中事无巨细，带头苦干的艰辛付出，但看不到他无数个日夜的勤学钻研，看不到他内心的执着、坚毅与信念。但是，他办公室里一本紧挨着一本的，总数过百的笔记本知道他、了解他。

奇瑞的发动机之路此后走上快车道，由于打好了基础，用一步十跃并不夸张。2001年，奇瑞开始尝试正向开发新一代发动机，并且启动了雄心勃勃的“奇瑞动力”战略。2005年，对奇瑞来说，甚至对整个中国汽车工业来说，具有划时代意义的“ACTECO”高性能汽车发动机研制成功。这是我国首个拥有完全自主知识产权的、国际化的汽车发动机，实现了我国在新一代汽车发动机领域里零的突破，该发动机的功率、油耗、排放等主要技术指标均达到当时世界一流水平，可以说，“ACTECO”使我国的汽车发动机技术一下子跨越了20年。

而后，奇瑞发动机一发不可收拾，向系列化、国际化迈进。并且优异的性能也得到世界认可。2006年3月，2000台奇瑞发动机出口美国，开了中国向西方制造强国出口发动机的先例。此后，又陆陆续续出口到俄罗斯、乌克兰、土耳其、印度、德国、日本等国家，包括日本川崎重工在内的许多世界级工程机械企业都采用了奇瑞的发动机。

截至目前，奇瑞已累计向国外出口发动机达15万台之多。而且也得到了进口国的高度评价，美国的专业机构曾给予奇瑞发动机两次最佳技术奖和一次最佳配套奖。在国内的全国十佳发动机评奖上，奇瑞更是拿奖拿到手软，后来干脆不去参评了。可以说，如今的奇瑞发动机，从技术参数和质量指标体系上，已完全能够和国外一流发动机媲美了。

但这对于奇瑞，对于负责动力总成的冯武堂来说，仍然只是起步阶段。他们的目标并没有止于此。2017年3月21日，奇瑞在芜湖展示了一款新的E4T15B发动机，热效率达到了惊人的37.1%，这是一个什么概念呢？世界上主流发动机的热效率一般都在28%~35%，每提高一个百分点都特别困难，都可以说是很大的技术进步。奇瑞能达到37.1%，可以说，不是顶尖也绝对是领先了。3个月后，6月30日，奇瑞完全自主开发研制的500台“自主开发电控系统”发动机出口美国，这是中国在ECU（电子控制单元）电控系统技术方面第一次打破国外垄断。这两项先进技术的成功，意味着奇瑞已妥妥地跻身世界顶级发动机制造商行列。同时，它们也标志着，一百多年的汽车工业皇冠舞台上，有了闪亮的“中国心”。

正向开发铸就核心竞争力

由于奇瑞在发动机方面的成绩太过突出，奇瑞公司在发动机研发、生产方面的投入也大，因此尹同跃曾经开玩笑说：“我们奇瑞是造发动机的，捎带着造车。”但是之所以这么做，并不是因为奇瑞真的只重视发动机，而是他们知道：“汽车的核心技术是发动机，没有发动机的汽车厂，只能是三流。”

事实证明奇瑞是正确的。奇瑞没有走“借‘机’生蛋”

的捷径，没有拼凑造车，而是铆足了劲"死磕"自主研发，反而铸就了奇瑞的核心竞争力。

2001年，奇瑞在自己制造的发动机的基础上，引进部分整车生产技术，通过逆向开发，创造了风云一时的"风云"系列轿车；紧接着两年之后的2003年7月，奇瑞创造中国微型车历史的爆款"QQ"车型问世。由于出色的可靠性、操控性和极高的性价比，再加上自产发动机优秀质量和生产能力的支持，QQ系列成了那个时候中国的"街车"，连续好多年月均销量均超过一万辆。

QQ系列的成功极大地刺激了奇瑞的市场野心，奇瑞开始"多生孩子好打架"，走多品牌战略，车型越来越多，品牌高中低端全有，但奇怪的是，虽然总销量有所提升，但是单品种的销量并不尽如人意，而且再也没有生产出像QQ这样的爆品。

经过认真思索，奇瑞下定决心走正向开发的道路，自己重头来，生产完全属于自己的、按自己的标准打造的车。那几年正是中国家轿市场爆炸式发展的年头，别的车企都争相合资、引进现成的技术、车型，以求速成速卖，占领市场。但是，奇瑞却决定在这个时候紧急刹车，静下来，回到冷板凳搞研发。

尹同跃甚至喊出了"即使跌出销量前十名，也要革自己的命"的狠话。

正向开发，做起来并不容易。一个是技术，有些技术需要从头摸索，有些需要攻关，很多方面都没有现成的经验；一个是成本，正向研发投入的物力、人力、财力都非常大，还有很长的时间成本、沉没成本和风险。能不能搞得成？搞成需要多长时间？搞出来市场认不认？值不值？这些都是需要审慎考虑的事情。有人质疑奇瑞的做法，但是冯武堂说："抄袭别人的产品当然是非常短平快的，在某一个时期是捷径。但是如果想参与世界竞争，那么就一定要有自己的核心技术。奇瑞想做一个百年老店，正向研发是必须要走的一条路！"

打造百年老店，奇瑞人志向高远，他们是真正从一个民族工业，而不仅仅是车企的角度来着眼的。正是在这样的志向、决心和毅力之下，2013年7月，奇瑞正向开发的第一款车"艾瑞泽7"轰然面世——这也是中国品牌第一款完全正向开发的车型，奇瑞再次走到了时代前面。

"艾瑞泽7"凭借可以比肩合资品牌的优雅外形、优秀性能和优异质量赢得了很高的声誉和口碑，完全证明了奇瑞的研发实力，也大大改观了国人对自主品牌家轿的成见。更为重要的是，"艾瑞泽7"的研发成功，为奇瑞积累了强大的技术储备以及丰富的研发经验，奇瑞在这些宝贵财富的基础上，厚积薄发，从正向开发走入了"正向爆发"时代。"瑞虎"系列，"观致""艾瑞泽5"等车型"下饺子"一样上市。其中，和以色列合作的"观致"是中国汽车史上第一次由中方公司出技术，国外公司出钱的合资方式。而根据美国J.D.Power公司的权威调研报告，奇瑞2014年的IQS（新车质量研究）就已经超越自主品牌，2015年已接近国外主流品牌水平。

从奇瑞汽车的出口量上，也能看出世界对奇瑞汽车的认可度。截至2017年第三季度，奇瑞累计出口车辆达到130万辆，出口量连续14年位居自主品牌第一，出口范围达80多个国家和地区，在海外有近1200家销售网店。

但是，奇瑞并没有止步。奇瑞从无到有，从"小草房"开始到世界级大车企，骨子里就有一股永远奋进不息，敢于担当，勇于引领时代的劲头和精神，这是他们的初心，也是他们的"原力"。以前的成绩，奇瑞人认为那只是他们的2.0时代，是过去时了。现在，他们要向3.0时代进发。所谓的3.0时代，就是引领汽车未来的时代。奇瑞在深厚技术储备的支持下，在车联网、新能源、人工智能交互、全自动驾驶、超视距探测、眼球追踪等前沿科技方面勇猛突进，而且已经取得阶段性成就。奇瑞的自动驾驶技术，已经达到准应用阶段，最早在2018年就可以实现半自动驾驶，在2020年即可实现高度自动驾驶，到2025年能够实现完全的自动驾驶。到那时，奇瑞将达到一个新的阶段，而中国的民族汽车工业，也将迎来一个汹涌澎湃的大时代！

CreditEase

宜信——用金融科技，宜人宜己，立诚立业

李晗 | 本刊记者

21世纪的中国，是一个以“创新”为关键词的国度。互联网技术的广泛运用，给人类的生活带来了巨大的便利和变革。囊括人们衣食住行的各个行业纷纷与互联网技术挂钩进行变革与创新，以更快的速度推动、改变着人们的生活。这其中，中国在网贷、支付等金融科技细分领域的发展更是领先全球。

2006年，在北京建国路SOHO现代城，一座普通的写字楼里，日后金融科技领域的翘楚——宜信公司诞生了。自创立11年来，这家公司从一个只有二三十人的小团队，发展成为拥有4万多员工的庞大企业；从网贷为主的投资和借贷服务，发展成了如今利用云计算、大数据等先进技术不断拓展业务版图，在普惠金融和财富管理领域交易额超千亿元的国内领军的金融科技公司。

就在这短短11年中，中国金融科技行业蓬勃发展、狂飙突进，有成百上千家金融科技企业突然冒了出来，又销声匿迹，其中98%没有活过两年。而宜信不仅活了下来，还树大根深，值得琢磨。

宜信文化的基石——无信不立，无诚不为

人无信则不立，在金融行业尤其如此。宜信深知这一点，把“信”字注册在公司的名字里，作为公司的第一价值观。宜信高级副总裁、首席战略官陈欢说：“对宜信公司来说，每一笔业务都是客户的信任与托付。在金融服务的过程中，会出现很多操作上的风险，而在这当中，人为因素对结果的好坏有着至关重要的影响。因此从业者包含诚信在内的各项职业素养就显得尤为重要。”行业发展过程中能够发现，很多同业机构之所以倒下，并非管理上出了问题，而是中间一些人的因素——人的素质达不到从业的标准，从而导致企业倾覆之危。

宜信得以取得阶段性成功的原因在于其独特的企业文化。公司“企业文化小屋”很好地阐释了这些核心价值观。“小屋”的基座由三块代表宜信企业文化最核心理念的基石组成，其中一块就是“诚信”。

由于金融科技行业的特殊性，在兴起之初监管制度尚未完善，行业的发展更多需要依靠从业者的共同维护和自律。从创立伊始，宜信便有志于成为中国金融改革和金融创新的标志性企业，并为推动中国社会诚信体系建设积极做出企业尝试，坚持企业自律，从行业发展角度出发看待和解决问题。公司创始人、CEO唐宁坚定地认为，这是行业领先企业应该和必须要做的事情。对此陈欢表示：“为更好

地实行企业自律，公司从产品设计到用人管理制度上都有相应的举措。我们每款产品的定价都会明确展示，每一项数据都会体现在合同上面，销售人员也会和客户当面讲清楚，让客户明明白白地做决定；同时为了有效地监督销售人员的规范行为，除制定了详尽的监督细则外，还通过不定时、不定期对各个营业点销售数据抽查和客户反馈，确保我们的产品销售过程中阳光、透明、诚信。”

除了在公司管理和经营的方方面面强调诚信、建设诚信、保障诚信，宜信还致力于在全社会推动和促进社会诚信体系的建立，让人们认识到信用的价值。

用人就是用心，“常在他心，也常在我心”

“为吸引到‘德才兼备’的人才加入宜信，我们可谓是海内海外，无所不至。比如，我们与清华合作，做公益日的推介，去推介宜信宜农贷等公益项目，并不是说让这些优秀人才立马就加入我们，而是让他们更早就接触、了解宜信。在海外，我们与斯坦福、哈佛等高校建立合作，唐宁去美国时，也会去这些学校做研讨会，让这些潜在人才更早地了解到中国金融科技领域的发展情况，也让他们对宜信产生兴趣，建立对宜信的初步认识，时机成熟，他们中的某些人一定会成为我们小伙伴。在这个过程中，宜信也构筑了自己的品牌。”陈欢娓娓道来。

在宜信流传着一句话：真理既不在你那里，也不在我这里，而在你我的碰撞之间。

因此，公司鼓励同事们大胆尝试创新，并在一定程度上宽容错误。某次一位从事市场推广工作的同事在工作中犯了一个严重的错误，事后大家坐在一起分析事情前因后果以及补救措施，当事人非常害怕，但是公司领导并没有罚他，吃一堑长一智，以后把事做对就好。几年后，这同事成长为公司的骨干，独当一面。

敢于大胆的尝试，基于每一个宜信人对公司的信任，只有宽容以待，公司才有源源不断的创新动力。市场瞬息万变，没有谁拥有绝对真理，通过一次次的创新，一次次的思想碰撞，才能找到最合适的解决方案。

宜信的领导们经常说，每个伙伴都是精心寻找来的，大家在这里干得好不好，学得好不好，过得开不开心，常在他心，也常在“我”心。比如，业务部门和支持部门之间的伙伴，常常会觉得彼此总是隔了一层，后台没有全面了解前台的困难和挑战，而前台也未能充分理解后台的全力支持。因此，宜信就提出了一个“游到河对岸”的理念，增进彼此的了解，积极主动地沟通，有误解就化解，有问题协商解决，工作才能更加舒心。

人才与企业是相互成长、相互成就的，企业不单要为员工提供优秀的工作平台，同时也应当为员工提供良好的学习平台。善于学习、勇于创新的人才是推动企业高速成长的关键。宜信一直在内部打造“学习型组织”，宜信认为，长期学习的人一定具有非常谦逊的人生态度，随着学习的递进，人的自身素质和能力不断的提高，进而才能创造出良好的成绩。

在国内，宜信与北大、清华、人大等知名院校长期合作，每年均会将不同层级的人才输送到这些名校学习。比如，和中国人民大学合作了信用管理师培训班；连续数年与清华大学经济管理学院联办高级经理人研修班，已有200多名宜信中高层管理伙伴从这里毕业，连清华老师都感慨，很少有民营企业舍得下大资本输送这么多的员工来学习。因为宜信的“好学”和对金融科技行业的卓越贡献，在北京大学，甚至有一间永久以宜信命名的“宜信教室”。

此外，宜信还有“海外游学”培训计划。宜信的优秀员工会被派出国，去纽约学习参观优秀的金融服务机构，学习创新、开阔眼界，激发创造力；去中国台湾参观当地的金融服务机构和当地面向消费者服务行业的公司和机构，学习他们精细化运营、精细化服务等值得借鉴的方面。通过这样一些带有体验性质的交流和公司拜访等，帮助宜信小伙伴提升自己的管理能力和创新能力。

因为能够“用人用心”，宜信的团队稳定性非常高，特别是管理团队，十年左右司龄的同事比比皆是，这使得宜信在战略实施上非常连贯和稳定，能够保证企业战略目标的达成。

奉献精神与“宜人宜己”：金融科技企业里成长起来的优秀党组织

2010年，宜信公司成立党支部；2014年，经中共北京市朝阳区委组织部批准，宜信公司成立党委，下设四个党总支和党支部，百余个党小组。截至目前，宜信有5324名党员，党员占比高达12%。不出意外的话，宜信是中国金融科技企业中党员数量最多的一家。

一般来说，党组织，似乎总是和央企、国企相关联，一家金融科技企业设立党组织，还有这么多的党员，这对于宜信又有何影响？在唐宁看来，党员群体的先进性和宜信“宜人宜己”的企业文化高度吻合。“各人自扫门前雪，那街道上的雪怎么办？我觉得党员群体能够也更加应该有时代的担当，推动行业更好的发展，推动金融改革更有序的深化，推动中国社会诚信体系更快的建设起来。这与党员基因中的先进性是一脉相承的。”唐宁说。同时，党员的先进性和奉献精神，在宜信公司发展中的几个里程碑事件中发挥得淋漓尽致。例如，宜信公司早在几年前就与银行共同实践资金存管，并且将资金银行存管早于监管下发指令前变为现实，而时至今日，彻底实现资金银行存管的网贷平台，仅占全部网贷平台数量的1/10。当时很多同行认为，宜信这是费力不讨好，这等于给企业自身业务找麻烦，投资人也未必买账。而唐宁则认为，合规创新也是创新的一个环节，只要利于行业发展，大企业在合规发展上应该先行一步，这正是党员群体有奉献精神的担当和先进性的体现。

党员就要体现党员的社会责任。到2017年，宜信公司已经连续开展了8年他们的企业社会责任项目——宜农贷。

作为一种“可持续扶贫”的创新公益模式，宜农贷以出借而非捐赠的“造血式”扶贫方式，不仅实现了精神扶贫和物质扶贫的双重收获，而且实现了公益性和商业性的完美结合。

宜农贷平台上的出借人及宜信均不以盈利为目的，出借人象征性地收取预期年化2%的爱心回报，使受助农户自己承担起改变生活、创造价值的责任。这是一项公益事业，如果没有宜信人骨子里的奉献精神和先进性，这样的项目会很难开展下去，而宜信却一直在做，做得很好。

目前，公司秉承“科技让金融更美好”的理念，已经在255个城市（含香港）和20个省（直辖市）的农村地区建立起强大的全国协同服务网络，并通过大数据金融云、移动互联网、物联网等先进技术，为客户提供全方位、个性化的普惠金融与财富管理服务。此外，在宜信全球化征程中，于中国香港、新加坡、纽约、旧金山等地设立办事处也大大拓宽了企业服务边界。小微租赁、投米RA（机器人理财顾问）、小智保险、区块链落地场景……在稳扎稳打的同时，宜信引领时代的新的产品也层出不穷，正如陈欢所说：宜信领导层对未来金融科技的预见性和前瞻性，以及宜信对于金融行业风险和规则的认同，再加上宜信稳固的管理团队，这些宜信最核心的优势，将不断引领宜信走得更高、更远。

Management Viewpoint

6 管理视点

大胆雇用创业失败者

BE BOLD IN HIRING LOSERS

创业者能力分析及面试策略

创业者已经成为时代的标识。创业精神也彰显了时代英雄的气息，而备受前赴后继的商业人士所崇仰和传承。但数据统计，中国创业企业的失败率为80%左右，企业平均寿命不足3年，而大学生创业的失败率可达到95%。大量的创业失败者除了二次创业，又大量涌回到人才市场，重新择业与规划职业。但是很多企业雇主面对失败者的态度是：“这人不行，干得不好，不予以雇用。”

白睿 | 某控股集团HRD，管理咨询合伙人，CHO特约撰稿人

创业者的人才画像

自古风云多变幻，不以成败论英雄。

商场与战场一样，战场无常胜将军，商场无常胜富豪。再者，招聘和甄选的工作过程中，太多地融入了面试者的背景判断和面试官的经验判断。不仅对人才，对现实的理解都有一定的主观唯心性。就面试经验判断而言，有其明显的优点，但是也有一些无法避免的缺点。如表 1 所示。

对待创业的态度和对待创业精神的理解是企业认知上的问题；而明晰招聘需求和创业失败者的人才画像是招聘经理首要任务，包括：是否能对创业失败者的特质有更细致和精准的理解；是否能发掘和定位他们契合职位的能力维度。笔者认为创业者有四种明显的能力特质，可以在甄选过程中发掘和有效规划：说服和演说的独特技巧，几乎每天都要面对各项事务的决策能力，日常团队管理的试错经验，以及把控成本和利润平衡的能力。

说服和演说是创业者的必练功夫

在创业的过程中，小到社交致辞、企业内部开会，大到融资路演、产品发布会、场景演讲等场合，需要企业创始人抛头露面、发言演讲的场合越来越多，他们也非常愿意塑造自己的个人形象。很多不善于言辞的技术人员创业后，积极主动学习演讲技巧，聆听演说家的演讲。可见，在创业过程中，演讲能力已经成为创业者一项必备技能。在一些企业的创新团队和培训方向的工作中，以上的能力也非常适用。

演讲的同时，PPT 的撰写和美化能力也成为附属能力并得到较大的提升。因此，还衍生出来一个职位，叫演讲设计师。演讲设计师负责去帮助客户打造各种演讲场合的内容，让客户讲得更加好玩和有效。

表 1　面试经验判断法优缺点

优点	缺点
经验判断具有一定的科学性	对复杂的数量变动关系单凭人脑记忆和判断，容易出现疏漏和失误
能够在信息数据不充分和有些因素难以量化的情况下作出预测	定量分析不够精确，经验判断容易受预测者的心理、情绪、知识结构、个人素质等因素的影响，会产生主观片面性
简便易行，直接可靠	存在一定的后期隐患

注：白睿原创，转载请注明出处。

而在雇主甄选的过程中，可以应用情景模拟的方法，让创业者进行一次现场的即兴演讲。而在这一环节，HR 考核的方面可以从以下几个指标进行。

1. 演讲素材方面

创业演讲的故事一般都是由创业企业的愿景、战略和商业模式等构成，在足够多的素材中提炼出属于自身的思维和方法论。HR 的评估手段主要看素材中要包含三个重点：情节、细节、意义，情节是不是吸引人，细节是不是有感染力，意义是不是有震撼力。

2.PPT 演绎方面

很多人缺乏的是演讲的意识，或是把 PPT 当成演讲的本身，照本宣科地“读”PPT 是很难打动面试官的。演讲内容大于形式，现场哪怕没有 PPT 自己也可以脱口成章，把 PPT 应该展示的内容演绎出来，才是得分点。

3. 结构与逻辑方面

无论是即兴演讲还是备稿演讲，一次好的演讲都应该有好的组织形式，而不是杂乱无章，毫无重点。对结构和逻辑的考察也是比较重要的一个方面，一般主要注意三个部分。

开篇吸引注意力。只有将听者的注意力第一时间吸引过来，才能让听众首先知道你要讲述的主题，并且有兴趣听下去。一般有几个方式，比如产生互动、幽默、名言、故事等简短、有吸引力、幽默、切合主题的开场白。

中间佐证充足。能够从数据、举例、故事以及经历等方面对主题进行延展和佐证。

结尾可以升华。好的结尾一定是和开头遥相呼应的，需要在这里强调并升华观点，并且给听众以最后的印象。如果时间快到了演讲还未完成，也可以考察如何平稳地收尾。

决策是创业者的日常

决策是企业管理的基础。创业者一般都是企业的负责人，优秀的企业负责人都会对下属进行充分授权，给予他们做出决策和采取行动的自由。但是，一般管理者在面临决策的关键时刻都觉得很为难。创业者在初创期阶段，对于决策这项管理工作应该是非常日常的工作行为，从企业的方向、各种资源的渠道以及小到员工福利、日常开销都需要决策。因此，造就了创业者的决策能力。这是在职场中难得的能力。

决策已然成为创业者的一种习惯。决策需要承担风险，创业者开始决策时难免做出错误的选择。很多创业者养成了思考设疑的习惯，即对日常决策问题多问几个为什么，考虑这样处理还会出现什么问题，然后从实际出发逐一加以解决。能够经常做到思考设疑，不但会防止决策工作中的简单粗率，而且，长此以往会逐渐提高判断力、激发创造力。

对待企业未来，没有现成的答案。创业者对待每个方案在最初决策时都难免存在缺陷。对将要干的事做出决断，然后立即动手做，在行动中不断完善方案。

从 HR 方向，招聘一个管理岗位，决策能力是衡量应聘者综合能力的非常重要的指标之一。下面汇总了一些关于决策能力的问题。

你觉得你在解决问题时凭逻辑推理还是仅凭感觉？请根据你以前的工作经历来谈谈你的体会。

举一个创业过程中的例子说明，在做出决定时，必须进行认真分析、周密考虑。请说说你做决定的过程。

创业中做出的最有意义的决定是什么？那个决定为什么有意义？那个决定是怎样做出来的？

当你要决定是否试做全新的事情时，你对成功的把握性有多大？

在创业的工作中，你根据什么标准决定是否做些不属于企业的主要任务？比如在与其他企业谈合作的时候，如何判断与对方全心合作还是拒绝合作？

你为什么在事业的这个阶段决定寻找新的机会？

假设你想要给自己找一位助手，有两位候选人，你怎样决定聘用哪一个呢？假如另一部门的某位员工经常来打扰你部门员工的工作，你有哪些办法可以解决这个问题？你会选择哪个办法？为什么？

创业者是团队管理试错者和实践者

高速成长的创业企业，经常不过几年时间，就从三五合伙人扩张到几十人、几百人甚至更大的队伍。其间的项目尝试和取舍，也会导致人员的流动。这是创业成长型企业的常态，不仅对人员上有调整的需求，同时也要求运营和业务具有柔性和刚性，可快速应变。

各国创业者越来越年轻，以色列的学生高中时代就开始创业，因为创业本身就是一个试错的过程。无论是在哪个国家，只要创业都会面临风险和困难，对于更加年轻的创业者来说，虽然可能会经验不足，但是他们试错的成本更低，失败了很容易再重新来过。在创业的过程中，大部分时候创业者有一个想法，都需要经过不断的改变，最终才能获得市场的认可，很少有创业者的第一个想法就获得成功的。

甄选和评估过程中，HR（人力资源管理师）可以针对关注下属的职业生涯发展、绩效和营造氛围等方面进行考察，也可以围绕如表2所示的指标设计问题。

表2　团队管理要素及指标

序号	要素	指标项
1	制度保障	制度检查修订
2	运作工具	月结果计划
3	团队稳定	员工流失率
4	团队成长	授课时数
		受训时数
5	团队传承	培养方案
6	团队成本	管理费用
7	团队文化	活动组织
8	鼓励项	人才贡献
		创新改良
9	控制项	责任事故

创业者懂得成本和利润的平衡

尤其是互联网企业，创业者在创业过程中并不是很重视销售额，而更关注流量来增加自己的投资资本收益率，从对创业企业十几年观察来看，ROIC（投资资本回报率）是衡量一个企业基本面及是否较其对手有更高竞争力的重要指标，同时也是一个对冲性很强的指标。一个伟大的创业企业需要在相当长一段时间之内保持较高的ROIC。

创业者很清楚投资回报率具体内涵。比如甲公司去年盈利1万元，今年盈利20万元，乙公司去年盈利1000万元，今年盈利2000万元。哪一个创业公司更优秀？乙公司一般会得到大家的肯定和推崇，但是很多创业者都非常清楚的一点是在资本市场上甲公司更受欢迎，原因很简单，回报率和增速不是一个概念。而ROIC直接反映了公司的投入产出的效果，展示的是一个创业公司到底是创造价值还是减少价值。

创业者一般都是成本节省的践行者，更精明的创业者，也将成本精细化，每天都做着外包和比价的事情，还会在组织上进行“精益创业”的处理。很多创业者已经认知到成本优化不是削减人工物料差旅等成本，而是避免浪费。

在创新方面，任何一个历史阶段，创业企业一般注重以技术和科学为基础的创新，增加研发投入，夯实专利基础。将资金应用在可创新、可持续的企业经营中，这无疑是一种利润性的投放。

用人之长，天下无不可用之人；用人之短，天下无可用之人。

优秀领导者有很多相似之处，而且不论面临什么形式的挑战，都会化解和适应需求。真正具有创业精神的创业者，可以在新项目、新问题中崭露头角、彰显价值，在变化的时代中加速奋进，同时还拥有说服下属员工跟随自己行动方针的技巧，这些特质在组织发展中可以成为员工们发展的榜样力量。如果你的企业正在设计创新发展事业部，或者成立独立公司，或者在传统业态下尝试全新的模式，请大胆考虑一位杰出的创业者，即使创业失败，优秀的特质仍然会如影随形。

在 VACU 时代，实现敏捷定岗定编

郑春国 | 阳光电源股份有限公司 组织发展经理

在和几家企业的 HR 沟通职位体系管理的时候，发现一个问题：现行的各类定岗定编方法，除了德尔菲法之外，其他的定岗定编方法似乎基本没有得到应用。而且德尔菲法之所以得到应用，在很多企业是因为 HR 丧失了在业务部门定岗定编的话语权所带来的。

在 VACU（易变性、不确定性、复杂性、模糊性）时代，当 HR 所有的工作都导向于服务业务需要时，有没有一种相对简单易操作的方法让我们能坐下来和业务部门一起探讨定岗定编，相信这是很多 HR 的期望。因为实质上，只有我们参与定岗定编工作并有所推进，才算是进入了对业务的了解阶段，或者说我们开始对业务部门的资源分配有了建议权。

在陈述敏捷定岗定编这个方法之前，我们首先从源头看看定岗定编具体是做什么的。定岗定编是企业岗位管理中的一项基础性的工作。它涉及企业业务目标的落实、员工能力和数量的匹配，从而影响到企业运营成本的降低和效率的提高。其中定岗是指明确企业（组织）所需要的岗位，定编是指明确企业（组织）需要多少适合企业发展的个人。即：定岗定编就是实现“人、岗、事”三者之间的合理匹配，以此达到“人尽其才、才尽其用”的目标，从结果来看，人、岗要符合事的要求。似乎很清楚的一件基础性工作，为什么会变成相当多企业 HR 不断纠结的一个话题呢？

目前常用的定岗定编方法

定岗是指设计组织中的承担具体工作的岗位。在实际工作中，定岗和定编是密不可分的，当一个岗位被确定之后，就会自动有人的数量和质量的概念产生。目前，我们耳熟能详的定岗定编方法有以下两种。

1. 定岗方法

因事设岗：设置岗位既要着眼于企业现实，又要着眼于企业发展。我们应按照企业各部门职责范围划定岗位，而不应因人设岗；岗位和人应是设置和配置的关系，而不能颠倒。

2. 定编方法

（1）劳动效率定编法。是指根据生产任务和员工的劳动效率以及出勤率等因素来计算岗位人数的方法。实际上就是根据工作量和劳动定额来计算岗位人员数量的方法。该方法的特点是：工作量大、投入成本高、周期长。

（2）业务数据分析定编法。根据组织的历史数据（包括销售收入、利润、市场占有率、人工成本等）和组织战略目标，确定组织在未来一定时期内的岗位人数。这种方法适用于成熟期的组织，因为这样的组织的历史数据才具有相对的延续性和稳定性。

（3）行业比例定编法。是指按照企业职工总数与某一类人员总数的比例来确定岗位人数的方法。该方法比较适合各种临时性、辅助性、替代性及支持性岗位定员，如人力资源管理类人员与业务人员之间的比例在服务业一般为 1 ∶ 100，在煤炭行业人力资源管理类人员与从业人员之间的比例一般为 1 ∶ 200。该方法需要通过调研，收集企业外部的一些行业数据，缺点是成本较高，难度较大。

（4）组织机构、职责范围和业务分工定编法。在明确部门及岗位职责的基础上，根据工作量的大小和难易程度，结合人员的工作能力和技术水平确定岗位人数的方法。比较适合分工明确、专业化生产程度高的组织。

（5）预算控制定编法。部门负责人对本部门的业务目标和岗位设置及员工人数负责，在获得批准的预算范围内，自行决定各岗位的具体人数。

（6）工作分析、业务流程分析定编法。根据各岗位工作量，确定各个岗位单个员工单位时间工作量，如单位时间产品、单位时间处理业务量等；根据业务流程衔接，结合上一步骤的分析结果，确定各岗位编制人员比例；根据企业总的业务目标，确定单位时间流程中总工作量，从而确定各岗位人员编制。

（7）管理层、专家访谈定编法（德尔菲法）。通过管理层、专家访谈获得工作量、员工编制调整建议、同类企业各岗位类型人员结构信息（包括管理层次和管理幅度等）等信息。此种方法通常作为辅助定编方法与其他方法结合使用。

上述方法似乎在实际工作中，能够被大规模应用的似乎除了德尔菲法和预算控制法之外，其他的方法在有效应用性上似乎不被 HR 和部门管理者接受。

以组织职能分解为基础的定岗定编

所有人——不论是 HR 还是老板，或者业务部门管理者，都知道一个基本的常识，企业需要盈利才能生存下去，如何盈利其实就是企业的短期战略（本文尝试从短期策略方面解决定岗定编，关于长期战略暂不做考虑），尤其是在 VACU 时代，需要企业能快速形成战斗力，更需要 HR 做到及时地配置人力资源，上述定岗定编方法似乎在敏捷性方面有所欠缺。基于此，笔者在进行内部定岗定编时，尝试优化“组织机构、职责范围和业务分工定编法”，暂定义为“敏捷定岗定编法”，从目前内部实施效果看，能基本满足业务部门快速配置人力资源的要求，服务业务发展要求，具体操作如下：

（1）界定部门年度战略目标。在这个步骤，重点在于公司的经营层和管理层能通过充分的论证，如采取年度战略引导会等形式，形成每个部门的年度战略目标。这个步骤最为重要，其结果决定了后续定岗定编的有效性。

（2）用 IRMA 图来进行主要职责界定。先说一下 IRMA 图是什么？ IRMA 图是国际通用的组织职能梳理工具，帮助企业分析、澄清各项职能执行过程中相关单位 / 部门之间的职责分工关系，以明确各部门的职能定位，在明确关键管理流程的基础上，把每一个活动落实到特定的岗位上；明确每个岗位在关键流程的作用方式；为岗位分析奠定坚实的基础。表 1 是一个标准的 IRMA 分析表格。

表 1　IRMA 分析表

角色 / 活动	岗位或部门 1	岗位或部门 2	岗位或部门 3	岗位或部门 4	岗位或部门 5	岗位或部门 6
流程名称						
步骤一						
步骤二						
步骤三						
步骤四						
步骤五						
步骤六						

假设我们今年的工作重点是产品开发，那么该如何进行职能界定呢？示例如表 2 所示（其中 R 主负责，JR 共同负责）。

表 2 职能界定示例

活动 \ 角色	总经理	财务副总经理	人事副总经理	营销副总经理	研发副总经理	运营副总经理
产品开发						
1. 现有产品与新产品策略回顾				R	JR	
2. 确认目标市场和客户群				R		
3. 新产品开发及品牌策略				JR	R	
4. 渠道开发				R		JR
5. 产品认证上市			JR		R	
6. 销售渠道培训及宣传			JR	R	JR	

注：由于我们是界定部门主职能，因此在表 2 不反映其他几种职能界定（其他详细应用请自行查找）。

（3）用 IRMA 图来进行二级职责界定，如表 3 所示。

表 3 二级职责界定示例

活动 \ 角色	人力资源部	营销部	销售部	研发中心	生产中心	质检部
销售渠道培训及宣传						
1. 培训资料准备				R		
2. 讲师认证	R	JR				
3. 宣传资料准备		R				
4. 宣传途径		R	JR			
5. 启动宣传		JR	R			

（4）用 IRMA 图来进行三级职责界定，确认岗位，如表 4 所示。

表 4 三级职责界定示例

活动 \ 角色	HRM	招聘与配置	薪酬与福利	培训与发展	员工关系	绩效管理
讲师认证						
1. 讲师招募				R		
2. 授课技巧培训				JR		
3. 课程编制				JR		
4. 课程认证				JR		
5. 启动培训	R					

注：本处分解主要是基于中小型民营企业进行的，大型企业或分工细化企业可考虑进一步细化分解。

（5）用“工作难易程度”和“工作频率”定编，如表 5 所示。

表 5 定编示例

培训与发展岗位	工作难易程度		工作频率		
	较难	较易	每日	每月	每年
1. 讲师招募		★			★
2. 授课技巧培训	★				★
3. 课程编制		☆			★
4. 课程认证		☆			★
5. 启动培训	☆				☆

注：本表分析主要基于企业现状进行，如果管理者希望对某一个职能进行强化，可增加备注栏进行说明。

在上述的敏捷定岗定编法中，通过 IRMA 图不断地对组织职能进行落地，在具体的落地中，尤其是步骤（5）中，除了可以使用“工作难易程度”和“工作频率”两个维度外，这个时候大家会发现适当参考如劳动效率法、业务数据分析法等，会让我们的定编更合理，而且更符合现在大部分企业希望实现业务资源快速配置的期望。本质上“敏捷定岗定编法”是借用组织职能落地并融合了工作量衡量而形成的一种综合方法，从目前在内部和两家企业试用情况看，能比较有效地满足业务部门的快速定岗定编，推动业务落地的需求。

小结

从实施情况看，很多时候我们说业务部门不愿意配合 HR 的工作，业务部门不愿意做定岗定编，实际上是我们没有给业务部门提供合适的，或者说直白点就是简单的工具，让他们能实时看到自己在其中的作用。这其实给了 HR 一个提醒：虽然业务部门经理是人力资源第一责任人，但是他们毕竟不是专职 HR（事实上我们现在接触的大部分的业务部门经理根本不屑于了解 HR 专业）；我们作为专职 HR，在“贴近业务”的大趋势下，一定要了解自己的业务，将自己的业务工具简化为可以操作的工具提供给业务部门经理，才是 HR 应该承担的职能。

AFFECT AND CONTROL

郑惠芳 | 资深人力资源总经理，人力资源战略管理培训讲师

如何用人力成本线影响和把控公司项目制业务

很多企业都存在项目管理的问题，最突出的问题一般有三种情况。

（1）项目开始时没算好项目成本，导致报价过低进而亏损。

（2）项目进行过程中成本陡增，导致毛利过低或亏损。

（3）项目结束时，发现其实在中间过程时公司就已经处于亏损状态了，却不知道问题到底出在了哪儿。

决这三个问题的关键都在于成本，而企业最大的成本就是人力成本，那么，作为一名HR，就应该懂得如何通过人力成本来影响、支持公司项目制的业务。请看如下案例：

A公司是一家以项目制业务为主的公司，但时常会出现做完项目后，老板发现项目做亏损了的状况，也不知道中间到底是哪里出了问题。

问市场部，市场部只负责接项目，只看合同金额，盈亏是财务部知道的事。

问财务部，财务只负责收钱，公司那么多成本无法计算到底亏在了哪个环节。

问运营部，运营部只负责合同报价，给市场部做参考，同时跟进项目阶段性的反馈及催收阶段款项的事宜，催了甲方不付也没办法，但为什么甲方不付这得问项目组。

问项目组，项目组都是尽量按合同的时间节点交付工作结果，甲方也收了项目结果，什么原因不付款，这得问运营部，我们已经完成这部分的工作了，而且甲方都是有确认回执的。

好吧，一圈下来，死循环，谁都不知道问题出在哪儿了。

企业的盈亏计算，简单点，就一个公式：收入－成本。其实，问题的关键就是出在了谁都不知道成本的把控，不知道成本，又怎么能知道是否盈亏呢?

企业最大的成本就是人力成本。人力成本所能影响的并不只项目管理本身，还包括市场、财务、人力及运营等相关的部门。用一条人力成本的线串联起项目中所涉及的关联部门，就可以达到影响和支持项目成功、实现盈利的目的，具体方法和步骤如下：

项目前期做功课

项目制业务本身的特点在于：在一定的周期内保质、保量地完成项目并顺利交付，最终使公司能收到钱，并且在可控范围内盈利。为了达到这个目的，HR需要在一开始做以下功课。

第一步：确定项目组人员。

我们都知道项目是由人来做的，人的成本占了大头。因此，每个项目实施前最重要的是确定项目组成员，以人尽其才、才尽其用为原则，组成“少而精”的团队，实现可控范围内的企业盈利。

第二步：协商确定项目工时。

据统计，在国外企业中，工时表的应用率高达90%以上，四大会计事务所（普华永道、毕马威、德勤和安永）全部要求员工记录工时信息。随着外企管理模式的引入，很多国内企业也会在项目管理上用到工时表，以确保项目在执行过程中可跟进、可分析、可给企业高层做管理决策。

当项目成员确定时，需要团队成员一起协商项目所需工时。为什么一定是一起协商，而不是项目组长拍板呢？人各有所长，也有所短。比如程序员的工作，为达到同一个目的，有的人需要码上百来行代码，而有的人则码几行就能搞定，这其中的成本差距显然是巨大的。因而需要协商，把自己负责的工作做个工时预估，确保保质保量地完成工作任务。

第三步：确定项目所需的人力成本。

确定了项目所需工时后，就可以按每个人的时薪来计算人力成本，当然还包括公司要缴纳的社保及公积金。

第四步：对可预见的人力成本进行预判。

计划赶不上变化，在项目进行过程中总会有这样或那样的问题而导致工时延长，延长的工时也需要计算人力成本。那么，就需要在既定的人力成本基础上再加一定浮动百分比，以确保估算的成本更接近实际，避免给企业造成重大损失。

项目过程做把控

项目若进行得顺利固然是好事，但计划赶不上变化，很多项目推进的过程中会出现各种突发状况。那么，如果不顺利怎么办?

情况一：阶段工时超出计划工时——人力成本警示线。

当项目某一阶段的工时快达到计划工时，但因甲方原因未能交付时，需要考虑两个问题。一是钱没收到，是否要继续该项目？二是因为有可能影响收益，是否要把人员调至其他项目？人力资源部在项目制业务上需要扮演人力成本把控角色，一旦人力成本达到警示线，就要提醒相关部门做好准备，避免给公司造成不必要的损失。

情况二：市场部不断接新项目，导致人员匹配跟不上——人力成本饱和度。

市场部与人力资源部的工作，似乎除了招聘方面外没有其他交集。但事实上，人力资源部与各部门都是唇齿相依的关系。没有人力资源部的数据，市场部一直接单，就会导致项目人员匹配跟不上，也就是活儿多没人干。因此，市场部不能见项目就狂揽，应与人力资源部积极沟通，了解人力成本线，知晓员工的工作是否饱和。如果都已达到饱和，那么市场部就需要停一停；如果不饱和，则应做相应的人员调整，接新的项目。同时，市场部也需要做好预判，给人力资源部一定的时间做人力成本盘点。

项目结果总结分析

项目管理的结果是日后工作中参考的依据，做好总结分析工作尤为重要，不同部门可从不同侧重点进行分析，例如：

（1）市场部：分析判断哪些甲方是可以再次合作的，可以进行信誉度排名。

（2）项目组：对于同类项目进行数据分析对比，包括团队成员人数、资历、工时等。

（3）人力资源部：基于过往项目的人员需求，做好招聘工作；对过往单个项目的成本作统计分类，以求达到最“接地气”的成本；基于员工工作饱和度进行合理的工作分配，确保人尽其职、职尽其才、才尽其用。

（4）运营部：根据人力资源部提供的项目成本，测算好利润及合同报价，供市场部人员谈判时参考。

（5）财务部：基于过往项目的各项成本支出，做好项目成本的统计分类，为以后做参考依据。

让我们再回到前述A公司的案例，A公司吸取了之前的教训，运用上述的方法步骤，用人力成本为基线统筹整个项目运营。采购了工时系统，用于测算项目人力成本，时时关注项目运转情况，包括项目进度、成本情况、项目节点落实情况、项目部门流转情况、人员工作饱和度、新项目的配发情况、项目盈收及利润等。通过收入与成本数据的分析，决策项目的暂停或继续；通过人员工作饱和度情况，决策人员招聘及是否接收新项目；通过系统所显示的项目流转，有效管理项目节点责任人工作的落实情况……做到项目中的人、事、财一体化，高度透明性运转。这不仅解决了A公司之前遇到的问题，还提升了工作效率，避免了之前的相互扯皮、推诿问题，成功地推动了公司各个项目的实施，实现了盈利。

综上，在项目制业务中，人力资源部门完全可以通过人力成本线串联各部门，以服务项目为中心促成良性的部门协同作业循环，降低整体成本、打破资源（人、财、物、信息、流程等）壁垒，提升管理效率，有效地影响、推动和把控项目的实施，实现HR价值的“另类”产出。

Psychological Tests

7 心理测评

浅谈科学心理学对人才系统评价的影响

ANALYSIS OF THE INFLUENCE OF PSYCHOLOGY ON THE EVALUATION OF TALENT

面试对于面试官和应聘者来说，都是一场心理的较量、智力的博弈。人的真善美与假恶丑，并不都是表现在情绪和脸上的，也不能从一般的表现上就能看出来。有的人看起来温良而实际狡诈；有的人外表谦恭而内心虚假；有的人给人的印象是勇不可当，实则临事却怯懦得很；有的人在顺境时可以尽力，到逆境时就不能忠于事业和信仰了……因此人才评价绝不能建立在主观的、单一片面的基础上。

公宇 | 三人行俱乐部管理委员会委员，韩国 SK 人事担当

19世纪中叶，随着科学心理学的诞生，法国实验心理学家A. 比奈与T. 西蒙一同创造了测量智力的方法，编成了“比奈－西蒙量表”。智力商数（简称智商或IQ），是通过一系列标准，测试被测量人在其年龄段的认知能力（“智力”）的得分。根据这套测验的结果，将一般人的平均智商定为100，而正常人的智商，根据这套测验，大多在85~115。智商包括多个方面，如观察力、记忆力、想象力、分析判断能力、思维能力、应变能力等。

实际上，从汉代的“察举制”到隋朝以后的“科举制”，系统评价自古以来一直是国家选拔人才的重要手段，先贤们也积累了很多直观的经验方法。如早在三国时期，诸葛亮已提出“观人七法”，从志、变、识、勇、性、廉、信七个方面系统考核评价人才；堪称完人的曾国藩，也在《冰鉴》中写道：“听其言量其心志，观其行测其力，析其作辨其才华，闻其誉察其品格。”这与现代人力资源招聘中的面试方法相对比，可以发现其相似之处。听其言，即面试提问；观其行，即情景模拟；析其作，即笔试测评；闻其誉，即背景调查。这些环节可以使面试官深入了解应聘者的语言表达能力、逻辑思维能力、知识、见识以及智力水平，更可以认识他的个性、工作动机、个人愿望、工作态度等。

一直以来，面试提问、情景模拟和笔试测评都是面试官创设的环境；应聘者在环境中说和做的行为，是展现其“通常在做”“能够做”的事情，面试官再做出系统评价。而这一环境的创设，随着心理科学的发展，使评价体系变得更加多维化，无限趋近于真实情境。

科学心理学促使人才评价多维化

20世纪行为主义心理学（Behavioral Psychology）在美国逐渐成为极具影响力的主流学派。在这一主流实证科学心理学的影响下，20世纪70年代，哈佛大学心理学教授麦克米兰博士及其研究小组在大量的研究中发现，滥用智力测验来判断个人能力有不合理性，并进一步说明人们主观上认为能够决定工作成绩的一些人格、智力、价值观等方面因素，在现实中并没有表现出预期的效果。研究小组提出了行为事件面试（Behavioral Event Interview，BEI），现在又简称为行为面试法。当年麦克米兰研究小组接受了美国政府委托寻找驻外联络官的任务，用这种面谈法收集信息，成功地总结出杰出者和胜任者在行为和思维方式上的差异，从而找出对外联络官的核心资质，并确定了最终人选。

行为面试法是基于行为的连贯性原理发展起来的。其假设前提是一个人过去的行为能预示他未来的行为。正如一个经常迟到的人，下次开会还会迟到一样。面试官提出的问题应该让应聘者用其言行实例来回答，通过了解他过去经历中的一些关键细节，来判断其能力，而不要轻信他自己的评价。

行为面试法的另一个假设前提是说和做是截然不同的两回事。与应聘者自称“通常在做”“能够做”的事情相比，过去实际的所作所为更为重要。面试官要了解应聘者过去的实际表现,而不是取得未来表现的承诺。如果应聘者说“我总是积极主动地从事各项工作”，这句话说明应聘者确实做了些什么吗？什么也说明不了，除非应聘者能举出具体的例子，详细地说明他所担负的责任，你才会明白他到底具有哪些方面的能力。

应聘者在面试过程中，通常的回答是理论性的，而与现实中具体的工作相比甚远。一般而言，在面试中知道该说什么话是比较容易的。但现实工作中，有正确的方法和执行力就不那么容易了，要“听其言”还要“观其行”。

行为面试法就是通过以往行为事件来评价应聘者将理论付诸实践的可能性。有时候，一些很有潜力的内向型应聘者不善表达，与能说会道的应聘者相比，在面试时表现不出优势，这样的人才很容易被错过。所以，面试官询问过去行为实例的方法就起到了去伪存真的重要作用。

行为面试法就是在对目标职位进行深入分析的基础上，对职位所需的关键胜任特质进行清晰的界定，然后在应聘者过去的经历中，找到与这些关键胜任特质有关的行为样本，在胜任特质的层次上对应聘者做出系统评价。

行为面试法的几个要点就是：通过过去的行为预测未来的行为，识别关键性的工作要求；探测行为表现。行为表现包括四个关键的因素：情景（Situation），描述应聘者经历过的特定工作情境或任务；任务（Task），描述应聘者在那种情境中所要完成的任务；行动（Action），描述应聘者为完成特定任务所做出的行动；结果（Result），描述行动的结果，包括积极的和消极的结果、生产性的和非生产性的结果。这四个要素的英文缩写就是STAR，具备了这四个要素的事件就是一个完整的行为样本，可以有效地、系统地评价应聘者的胜任力。

现实生活中人们往往会受一种所谓的“明星效应”干扰，想当然地认为某些浮于表面的行为特征就是胜任素质，具有这些特征就能成功。所以，面试官会不由自主地被名门之后、名校毕业或名企经历所吸引，相信这些特征可以证明应聘者未来能成为企业的栋梁之材。直到应聘者在岗位上表现得不尽如人意时，面试官才发现自己错了。这种思路是根据某些看上去发光的特征来猜想会与其工作业绩有关，并把它归入胜任素质。殊不知，真正的胜任素质不是推断出来的，而是切实地根据其是否直接与业绩有关分析出来的。

心理测量学使人才评价量化至还原真实情况

心理测量学（Psychometrics）几乎是伴随着现代科学心理学一起诞生的，因为科学心理学是实证科学的研究方式，即论断或概念是可以通过实验或事实证明其正确性的。心理测量是指依据一定的心理学理论，使用一定的操作程序，给人的能力、人格及心理健康等心理特性和行为确定出一种数量化的价值。广义的心理测量不仅包括以心理测验为工具的测量，也包括用观察法、访谈法、问卷法、实验法、心理物理法等方法进行的测量。心理测量是通过科学、客观、标准的测量手段对人的特定素质进行测量、分析、评价。这里的所谓素质，是指那些完成特定工作或活动所需要或与之相关的感知、技能、能力、气质、性格、兴趣、动机等个人特征，这些个人特征是以一定的质量和速度完成工作或活动的必要基础。心理测量的结果可以为客观、全面、科学、定量化地选拔人才提供依据，因为它可以预测个体从事某种活动的适宜性，进而提高人才选拔的效率与准确性。

心理测量依据测验的功能，可以分为智力测验、能力测验和人格测验。

常用的智力测验量表有韦氏量表和瑞文测验。比较著名的能力倾向测验有学术能力倾向测验（SAT）和一般能力倾向成套测验（GATB）。

人格是个体在其成长过程中逐渐形成的相对稳定的人格特质和行为倾向的总和，体现了个体间的差异性。人格测验就是对稳定的人格特质和行为倾向进行定量分析，来预测人们未来的行为。目前，应用到企业招聘选拔中的人格测验包括两大类：一类是经典人格测验，梅耶－布里斯类型指标（MBTI）；另一类是管理情境中的人格测验，如DISC个性测验。

MBTI职业性格测试

每种性格类型都具有独特的行为特征，

带来不同的能力优势与局限。

怎样扬长避短，

怎样根据性格类型找到最佳的职业定位、

规划未来的职业发展？

人才选拔中的面试官，

都会对这类问题感到困惑。

MBTI职业性格测试量表可以揭示性格类型的多样性和由此导致的不同个体之间行为模式、价值取向的差异性，性格类型深刻影响着我们观察事物的角度、思考问题的方式、决策的动机、工作中的行事风格。

MBTI 的全名是 Myers-Briggs Type Indicator（梅耶－布里斯类型指标）。1942 年，美国心理学家梅耶母女，在心理学大师荣格（Carl Jung）的人格类型理论基础上，开发了 MBTI 的第一张量表——量表 A。在原始工具基础上，多个国家的心理学专家相继开发出十余种版本的量表，2001 年以后发行了 MBTI STEP I、STEP II、STEP III 三阶段评估工具，其理论基础愈趋深厚，评估结果也愈加个性化。在至今的 70 多年里，它已被翻译为 30 多种语言，并

被广泛应用于职场、教育机构及咨询中。1994 年，我国学者翻译并修订 MBTI 量表 G 版本。

MBTI 是当今世界上应用最广泛的性格测试工具之一，每年的使用者多达 200 多万人。据有关统计，世界前 100 强公司中已有 89% 引入了 MBTI。

美国西南航空公司（Southwest Airlines），从载客量上计算，堪称美国第二大航空公司。西南航空将 MBTI 用于新团队的组建中。MBTI 为西南航空提供了一种理解人际差异的重要工具，使面试官认识到，面对相同的挑战，不同的人将会怎样从不同的角度看待问题。通过 MBTI，这些面试官看到了应聘者的种种表现背后的“理由”。

霍兰德职业兴趣量表

除了MBTI职业性格测试，霍兰德职业兴趣量表也将职业与兴趣做出了某种更为直接的关联。

约翰·霍兰德（John Holland）是美国约翰·霍普金斯大学心理学教授，也是美国著名的职业指导专家。他于1959年提出了具有广泛社会影响的职业兴趣理论，认为人的人格类型、兴趣与职业密切相关。

兴趣是人们活动的巨大动力，凡是具有职业兴趣的职业，都可以提高人们的积极性，促使人们积极地、愉快地从事该职业。职业兴趣与人格之间存在很高的相关性，霍兰德认为，人格可分为现实型、研究型、艺术型、社会型、企业型和常规型六种类型。

职业兴趣作为一种特殊的心理特点，通过职业的多样性和复杂性反映出来。个体之间的差异是相当大的，现代社会职业划分越来越细，社会活动的要求和规范越来越复杂，各种职业间的差异也越来越明显，所以对个体的吸引力和要求也就迥然不同。个体自身的生理、心理、教育、社会经济地位、环境背景不同，所乐于选择的职业类型、所倾向于从事的活动类型和方式也就十分不同。

各种职业的社会责任、满意度、工作特点、工作风格、考评机制各不相同，这种差异决定着不同职业对于员工的职业兴趣有着特殊的要求。人才选拔应以人岗匹配为基本原则，其中包括人的知识、能力、技能与岗位要求相匹配，更重要的是人的性格、兴趣与岗位相适应。因此，企业在选拔人才时，面试官就十分有必要对应聘者进行职业兴趣的测评，了解应聘者的职业兴趣人格类型。通过测试，企业可以得知它所能提供的职业环境是否与应聘者的职业兴趣类型相匹配，换句话说，企业可以考察到应聘者是否适合在本企业的职业环境中工作。所以，企业在招聘中，以霍兰德的职业兴趣理论为指导，不仅可以选聘到适合本企业的人才，还可以在招聘工作中减少盲目性。

DISC性格测试

20世纪20年代，美国的心理学家马斯顿博士创建了一个理论来解释人的情绪反应。

马斯顿博士将他的理论构建为一个体系，即正常人的情绪（The Emotions of Normal People）。为了检验这一理论体系，马斯顿博士需要采用某种心理测评的方式来衡量人群的情绪反映“人格特征”。

因此，他采用了四个他认为是非常典型的人格特质因子，即支配（Dominance）、影响（Influence）、稳健（Steady）、服从（Compliance）。DISC，正是这四个英文单词的首字母。

通过运用DISC测评，面试官可以了解应聘者的行为模式。比如销售人员需要高“影响”(Influence)去影响客户；客服人员需要高“稳健”（Steady）去避免暴怒；管理人员需要高“支配”（Dominance）去执行障碍重重的公司革新政策；一线生产工人和操作员需要高“服从”(Compliance)去完成枯燥而需要严格遵循规章制度的细节性工作。招聘时通过测评结果图形进行比较，清楚地评估应聘者是否适合岗位。

大五类人格测试

用大五类人格特征（The Big Five）来描述人的人格与个性的方法，比DISC性格测试方法的信效度更高。

大五类因素包括：O代表开放性（Openness to Experience），C代表严谨性（Conscientiousness），E代表外向性（Extraversion），A代表宜人性（Agreeableness），N代表神经质（Neuroticism）。

大五类人格测试的个人得分反馈为百分位数得分。评分O较高则显示其有较强的责任心，而外向性评分百分点高则显示测试者需要保持孤独和安静。虽然这些特质群可能存在例外的个性情况，但平均来看，开放性得分高的人求知欲强、有开放的情感、有艺术兴趣、愿意尝试新事物。而有些人可能会有一个全面开放的高得分，他们有兴趣学习和探索新的文化，但不会对艺术或者诗歌感兴趣。

因为大五类人格模型的特点是广泛而全面，但它并不是多么强大的实际行为预测和解释的模型。许多研究已经证实，在预测实际行为特征这方面，MBTI职业性格测试要有效得多。

人的性格没有好与坏，心理测量的目的是反映应聘者最真实的多个维度的情况，而不是面试官所臆想的。

同样，人才评价的方法没有好与坏，传统的面试提问法和情景模拟法反映的是人的学历、相貌、性别、价值观和人品等特征；现代心理学的行为面试法和性格测试法反映的是人的智力、能力、性格、人格等特质。都是在从不同的维度去系统评价，使评价结果能更真实地反映应聘者的客观情况。

企业管理层更需要心理关注

晓彤老师｜媒体评论人，职场文学作家，BTV《有话就说》、CCTV12《夜线》《我是大律师》评论嘉宾

在企业里讲“用情商狙击负面情绪与压力”将近五年了，以前在企业中做管理时，主要负责的领域包括了“员工关怀”，而在这一实践过程中，我总结出一个被很多人，甚至是被当事人忽视的问题，那就是管理者的心理关注。

前不久在某媒体网站上看到，一家融资性直播平台倒下，员工愤然追讨欠薪，CEO人间蒸发。文章追述了这家平台的起家与发展，A轮融资后的傲娇，再融资的屡战屡败。旁人看到的是烧钱企业的惨败，我却从中读出了企业管理者、创业者心理层面的问题。

作为名校博士创业的标杆，这家直播企业的CEO坚持内容真实，却在激烈的恶性竞争中落荒而逃。通过整个创业、发展、融资、破产、蒸发的轨迹，我们可以看到一个人从意气风发，到孤军奋战，再到屈从改变，最终心理崩溃的过程。

所谓“胜不骄，败不馁”，这是我们老祖宗的经典总结。我想，作为学霸创业时代中的弄潮儿，随便哪一个都能比我解释得更清楚。然而，市场兴衰变化，巨额资本涌动，瞬时的兴起，刹那的挫败，又怎能仅仅是读懂、背会一句古训就能驾驭的。

真实的企业里，作为管理者，员工对他们的情绪、情感分秒骤变，此一时春风得意，下一时众矢之的。可以说，最缺少关注、最难寻求理解的人是他们。看企业兴衰，很多人最终面临的不是企业倒下，而是心理的垮塌。

曾经在一次培训中，企业员工普遍反映管理层缺乏对员工的理解，更多的人一天到晚对手下吆五喝六，而他们自己的日子则不要太好过：泡杯茶，煮壶咖啡，讲究个调调，吃吃请或请请吃，可以站高位，拿高薪。

由此可见，自下而上的心理关注与理解，在现实企业中是难以实现的。并不是员工不能理解、不愿关注，而是管理模式决定着员工对上层的工作据《财富》中文版杂志对1576名高级管理人员所作的健康调查显示，近70%的高级管理人员感觉自己当前承受的压力较大，其中21%的人认为自己压力极大。

近几年，大家经常会看到某企业大佬抑郁了，某成功人士过劳了，甚至部分杰出精英英年早逝。

2016年10月6日凌晨，春雨医生创始人、CEO张锐突发心肌梗死去世，年仅42岁。

2013年7月，前御泥坊董事长因劳累过度，急性脑血栓重度昏迷后去世，年仅36岁。

2010年4月4日，59岁的北京江民科技有限公司，江民杀毒软件创始人王江民心脏病突发去世。

2005年9月,网易代理首席执行官孙德棣猝死，年仅38岁。

2004年11月，均瑶集团董事长王均瑶因患肠癌，肺部感染后去世，年仅38岁。

2004年4月，54岁的爱立信（中国）有限公司总裁杨迈由于心脏骤停在京突然辞世。

2001年7月，56岁的青岛啤酒股份有限公司副董事长兼总经理彭作义因为心脏病突发不幸逝世。

内容并不能全面了解，也无法感知这其中的压力所在。那么，作为企业管理者，唯一可以获得理解、关注的渠道，似乎只有向上这一条。

可是，在残酷的竞争当中，更高层的管理者所要关注的，除去当前企业管理之外，还要对未来做出预期和预判，要对可能出现的风险做出预案，对资本的动作做到未雨绸缪。因此，他们所承担的压力，比初中层管理者要高更多，期待从他们那里获得理解和关注，似乎更是可遇不可求。

换言之，企业的顶层管理者，其心理压力之大，是其下各级的总和。

通过数据我们不难发现，这些企业精英、创业达人的死亡显示出低龄化的特征。是什么让这些人过早地止步于商场，痛别家人，提前结束了生命？我们在追逐和期望获得同样的成就时，是否想过奔跑的过程，不仅需要勇气和体力，还需要健康的心理呢？

并不是每个去世的人都是简单的疾病所致，他们中大多数人长期透支精力，精神始终处于高度亢奋和焦虑我问过好多人，你真心地理解过公司的高管吗？你觉得他们压力大吗？你试着关注和理解过他们吗？得到的回答五花八门：

“他们钱挣了，赚名声了，我个小兵儿关注理解个啥？”

“应该有压力吧？”

“当那么大官当然要更多承受压力了。”

“想当官又没压力还用他当？”

“挣多少钱受多少累。”

“管理层的事和我有什么关系？”

……

交织的状态。他们不仅要面对成功者身份的定义，更要以成功者的标准姿态出现在公众以及员工的视野中。因此，他们的心理出现隐性问题的可能性要大于一般员工和初级管理者，他们的早期情绪问题能够获得外部关注和帮助的机会也少于常人。

有统计表明，企业CEO患抑郁症的概率是普通员工的四倍。然而，企业管理层精神和心理压力受到关注却是微乎其微的。不仅在工作环境中，即使是在家庭生活里，真正能获得家人理解和关注的也是极少数。

其中的原因是非常复杂的。在企业里，作为企业的掌舵人，或是主要决策层，必须保持足够的斗志，表现出一切尽在掌握的姿态。然而，市场风云突变，商场瞬息万变，再出色的精英也难逃压力的侵袭。只是大多数企业高层都用强势的外壳包裹住自己，再难、再困扰，也不能在企业内表现出来。

不难想象，在这样的情况下，管理层所承受的压力是多么巨大。

多年前，我在某金融企业里担任副总经理。因金融市场巨幅震荡，企业面临倾覆的危险，CEO召集核心层人员，一方面商量对策，另一方面要求大家在员工面前保持冷静的态度，表现出积极的热情。而他自己则谈笑风生，展现着对困难的无所畏惧。因为他的淡定从容，我们的团队成员也都涌起了拼过难关的熊熊斗志。

危机过去之后，CEO生了一场重病。当我与他聊起这段日子时，他感慨道：“当时真是感觉扛不过去了，每天都害怕可能失去这家用心经营起来的企业。可我不敢表现出来，我怕你们看见我犹豫了、害怕了，就都放弃了。”

那么，是不是他的家人会给予理解和关注呢？事实是：“我不敢和家人说，我不想给他们增加压力，这些事我自己扛就可以了，何必让他们跟着心惊肉跳呢！妻子、孩子、父母，他们都对我充满信心，我怎么能让他们失望呢？万一闯过去了，他们不是就不用着这份急了吗。”

除了这些压力之外，外部压力更是来势汹汹。一些听到风声的人紧锣密鼓地打听刺探。今天要面对采访，明天要面对合作企业探寻，每一次出面他都是内心高压外表从容。

他一直给自己打气，不停地在内心对自己说“一定撑过去”。真的撑过去之后，他发现自己像泄了气的皮球，整个人虚脱一般，疾病立即乘虚而入。

以前，我们更多的是考虑如何做员工关怀，因为在我们的心里，管理层都是精英，精英就应该有能力且擅长自我调整。

写出以上文字，既不是替管理层呼吁同情，也不是说员工都缺乏爱心，而是希望管理者从自己的角度审视，自我心理关注多么的重要。热爱工作要从护心开始，有良好的心态、积极的心理、健康的情绪，才能真正拥有美好的职业未来。

简单地将压力隐藏起来，不但不能消除压力，反而会使之更加猖狂。一旦压力过大，产生巨大的反弹，出现病理反应或行为失控就成了必然结果。

一味地指望外部关注、同事理解，也不是有效的办法。作为企业，要给予管理层恰当的心理关注，提供定期的心理测评，每月组织调整型的压力调适训练。有条件的话，可以设置定期的心理关怀咨询。

作为管理者个人，应该及时聘请专职心理顾问，长期坚持情绪疏导，定期进行情绪辅导，参与有益心理健康的有氧运动。每天抽20分钟进行瑜伽冥想或坐禅训练，每年至少进行两次情境转移，这样才能保证心与身双重健康地拼搏在管理领域。